［復刻版］初等科国語

中学年版

もくろく

初等科国語 一 （三年生用）

初等科国語 二 （三年生用）

初等科国語 三（四年生用）

初等科国語 四（四年生用）

凡例

一、本書は、文部省著『初等科国語』一〜四（昭和十七年発行）を底本としました。
一、原則として、旧字は新字に改めました。
一、原則として、古典を除き、旧仮名遣いを新仮名遣いに改めました。
一、原則として、当時の外来語は、今日一般的に使用されている表記に改めました。
一、鉤括弧内末尾の句点は除きました。
一、明らかな誤植は修正しました。
一、新しく学習する漢字一覧は省略しました。
一、巻末に、「用語説明」と、葛城奈海氏による「解説」を追加しました。

〔編集部より〕
当社で復刻を希望される書籍がございましたら、本書新刊に挟み込まれているハガキ等で編集部まで情報をお寄せください。今後の出版企画として検討させていただきます。

初等科国語　一

一　天《あめ》の岩屋

天照大神《あまてらすおおみかみ》は、天の岩屋へおはいりになって、岩戸をおしめになりました。明かるかった世の中が、急にまっくらになりました。

大勢の神様が、お集りになって、

「どうしたら、よかろうか」

と、ごそうだんなさいました。

思いかねの神というちえのある神様が、たいそうよいことをお考えになりました。それによって、神様がたは、いろいろなことを、なさることになりました。

まずたくさんの鶏を集めて、しきりにお鳴かせになりました。

ある神様は、大きな鏡をお作りになりました。ある神様は、きれいな玉をたくさん作って、首かざりのように、ひもにお通しになりました。またある神様は、山へ行って、さか木を、根のついたままほって、持っていらっしゃいました。

太玉のみことは、このさか木に、鏡と玉をかざって、岩屋の前にお立てになりました。

天のこやねのみことは、岩屋の前へ進んで、のりとをおよみになりました。

天のうずめのみことは、まいをおまいになりました。かずらをたすきにかけ、ささの葉を手

に持って、ふせたおけをだいにして、とんとんふみ鳴らしながら、おもしろくおまいになりました。

大勢の神様は、どっとお笑いになりました。

あまりおもしろそうなので、天照大神は、少しばかり岩戸をおあけになって、おのぞきになりました。神様がたは、さか木を、ずっと前へお出しになって、鏡を大神に見せておあげになりました。大神はふしぎにお思いになって、少し戸の外へ出ようとなさいました。

岩戸のそばにいらっしゃった天手力男神《あめのたぢからおの》は、この時とばかり、さっと岩戸をおあけになりました。天照大神が外へお出ましになると、世の中が、もとのように明かるくなりました。

大勢の神様は、手をうってお喜びになりました。

二　参宮《さんぐう》だより

けさ、元気で、こちらへ着きました。

まず、外宮《げくう》のおまいりをすまして、それから、内宮《ないくう》へおまいりをしました。宇治《うじ》橋を渡ると、青々としたしばふがつづいて、鶏が遊んでいました。五十鈴《いすず》川のきれいな水で手を洗い、口をすすぎました。すきとおった水の中に、たくさんの魚が、すいすいおよいでいました。

道の両がわには、千年もたったかと思われる大きな杉の木が、立ち並んでいました。さくさくと玉じゃりをふんで、神殿の御門の前へ進みました。そうして、うやうやしく拝みました。何ともいえない、ありがたい気がしました。

神殿は、外宮と同じように、お屋根がかやでふいてありました。むねには、大きなかつお木が並んで、両はしに、千木が高くそびえていました。みんな白木づくりで、金いろのかなぐが、きらきらとしていますが、そのほかには、何のかざりもありません。まことにこうごうしくて、しぜんと頭がさがりました。

かえりに、たいまをいただき、宇治橋の鳥居のそばで、しゃしんをとりました。

方々を見物して、二見へ来ました。今夜は、ここでとまります。あすは、朝早く起きて日の出を拝み、それから、橿原神宮《かしはらじんぐう》へ向かってたちます。
またようすを知らせますから、たのしみにして待っておいで。さようなら。

四月十日
兄から

正男さんへ

三　光は空から

光は空から　若葉から、
明かるい、明かるい　若葉から。
天長節は　うれしいな。

花から花へ　ちょうがまい、
花から花へ　はちがとぶ。
天長節は　うれしいな。

小鳥のおんがく　ほうほけきょ、
ちいちい、ぴぴい、ほうほけきょ、
　天長節は　うれしいな。

川が流れる、野がつづく、
ふもとの町は　旗のなみ、
天長節は　うれしいな。

四　支那の春

川ばたのやなぎが、すっかり青くなりました。つみ重ねたどのうの根もとにも、いつのまにか、草がたくさん生えました。

あたりは、うれしそうな小鳥の声でいっぱいです。

「もうすっかり春だなあ」

「ここで、あんなにはげしい戦争をしたのも、うそのような気がするね」

どのうの上に腰かけて、川の流れを見つめながら、日本の兵たいさんが二人、話をしています。兵たいさんは、今日は銃を持っていません。てつかぶともかぶっていません。二人とも、ほんとうに久しぶりのお休みで、村のはずれまでさんぽに来たところです。

「兵たいさん」

「兵たいさん」

大きな声で呼びながら、支那の子どもたちが、六七人やって来ました。

「おうい」

兵たいさんがへんじをすると、みんな一度に走り出しました。子どもたちといっしょに、黒いぶたや、ふとったひつじが二三匹走って来ます。

兵たいさんのそばまで来ると、子どもたちは、いきなりどのうの上にかけあがろうとして、ころげ落ちるものもあります。先にあがった子どもの足を引っぱって、はねのけようとするものもあります。

「けんかをしてはいけない」

「仲よくあがって来い」

大きな声で、兵たいさんがしかるようにいいます。しかし、にこにこして、うれしそうな顔です。

先にかけあがった子どもは、兵たいさんにしがみつきます。あとから来た子どもは、兵たいさんのけんにつかまったり、くつにとりついたりします。

「これは、たいへんだ。さあ、お菓子をあげよう。向こうで遊びたまえ」

「氷砂糖をあげよう。橋の上で仲よく遊びたまえ」

兵たいさんたちは、ポケットから、キャラメルの箱や、氷砂糖のふくろを取り出しました。

「わあっ」

と、子どもたちは大喜びです。ぶたもひつじも、いっしょになって大さわぎです。

お菓子をもらうと、子どもたちは、おとなしく川のふちに腰をおろしたり、ねそべったりしました。そうして、お菓子をたべながら、歌を歌い始めました。まだ上手には歌えませんが、兵たいさんに教えてもらった「愛国行進曲」です。

川の水は、静かに流れています。どっちから、どっちへ流れるのかわからないほど、静かに流れています。

川の向こうは、見渡すかぎり、れんげ草の畠です。むらさきがかった赤いれんげ草が、はてもなくつづいています。

どこからともなく、綿のように白い、やわらかなやなぎの花がとんで来ます。そうして、兵たいさんのかたの上にも、子どもたちの頭の上にも、そっと止ります。

寒い冬は、もうすっかり、どこかへ行ってしまいました。静かな、明かるい、支那の春です。

五　おたまじゃくし

おたまじゃくしは、毎日、大勢の兄弟や仲間といっしょに、池の中を泳いでいました。まる

で、ありの行列のように、あとからあとから、ぞろぞろとつづいて行きました。どれも、これも、まるい頭をふり、長い尾をふって、元気よく泳いでいました。
おたまじゃくしは、手も足もなくて泳げるのですから、自分たちの親が、あの四本足の蛙だろうとは、思っていませんでした。それよりも、ときどき池の中で見かける鯉やふなが、親ではないかと思ったことがありました。また、小さなめだかを見ると、これも、自分たちの仲間ではないかと、思ったこともありました。
しかし、おたまじゃくしには、たくさんの兄弟があるのですから、親のそばにいなくても、ちっともさびしくはありませんでした。また、めだかや、どじょうなどといっしょに、遊ばなくてもよいのでした。
春の日は、だんだん過ぎて行きました。水草が青々とのび、水の上には、ときどきとんぼがとんで来て、かげをうつすことがありました。

このころになると、おたまじゃくしは、尾のつけ根のところが、少しふくれて来ました。初めは、それと気がつかないほどでしたが、のちには、だんだんふくれ出して、とうとう、それが二本のかわいらしい足になりました。

おたまじゃくしは、何だかおそろしいような、うれしいような気がして、わいわいさわいでいました。そうして、ときどき、水の上へ、顔を出してみたりしました。

それから、また何日かたちました。今度は、胸の両わきが破れて、そこからも二本の足が出ました。

四本足になったおたまじゃくしは、尾が、だんだん短くなって行きました。そうして、水の中にいるのが、いやになって来ました。水の中にいると、何だか息がつまるような気がしました。水の上へ顔を出すと、気がせいせいするように思いました。

ある日、岸の草につかまって、池の外へ出てみました。もう夏の初めでした。草が、青々と茂っていました。空には、お日様が、ぎらぎら光っていました。

あと足を曲げて、前足をついてすわったかっこうは、これまでのおたまじゃくしではありませんでした。こうして、陸へあがったたくさんの子蛙は、草のかげのあちらこちらを、うれしそうにとびまわりました。

六　八岐《やまた》のおろち

天照大神《あまてらすおおみかみ》の御弟に、すさのおのみことと申して、たいそう勇気のある神様が、いらっしゃいました。

出雲《いずも》におくだりになって、ひの川にそって歩いていらっしゃると、川かみから箸《はし》が流れて来ました。みことは、「この川かみに人が住んでいるな」とお思いになって、川について、だんだん山おくへおはいりになりました。すると、おじいさんとおばあさんが、一人の娘を中において、泣いていました。

「なぜ泣くのか」

と、みことがおたずねになると、おじいさんが、

「私どもには、もと娘が八人ございましたが、八岐のおろちという大蛇《だいじゃ》に、毎年一人ずつ取られて、残ったのは、もうこの子だけになりました。それに、今年もまた、その大蛇が出て来るころになり

ましたので、この娘に別れるのが悲しくて、泣いているのでございます」

と申しました。

「いったい、どんな大蛇か」

「その目はまっかでございます。一つのからだに頭が八つ、尾が八つ。からだは、八つの山、八つの谷につづくほどで、せなかには、こけも木も生えております」

みことは、この話をお聞きになって、

「よし、その大蛇をたいじてやろう。強い酒をたくさんつくれ。それを、八つのおけに入れて、大蛇の来るところに並べておけ」

とおいいつけになりました。

そのとおりに用意しました。するとまもなく、あの恐しい大蛇が出て来ました。酒

を見つけて、八つの頭を八つのおけに入れて、がぶがぶと飲みました。

そのうちに、よいがまわって、大蛇は、とうとう眠ってしまいました。

みことは、剣を抜いて、大蛇を、ずたずたにお切りになりました。血が、たきのように出て、ひの川が、まっかに流れました。

みことが、尾をお切りになった時、かちっと音がして、剣の刃がかけました。ふしぎにお思いになって、尾をさいてごらんになると、たいそうりっぱな剣が出て来ました。

「これは、とうとい剣だ」

と、みことはお思いになりました。

みことは、その剣を、天照大神におさしあげになりました。

七　かいこ

おばさんのうちから、二眠をすましたかいこを、二十匹もらって来ました。それを箱に入れて、ねえさんに見せると、

「まあ、かわいいかいこね。でも、桑の葉をどうしたらいいかしら」

といいました。私は、かいこがほしくてたまらないので、もらって来ましたが、そういわれてみると、うちには、桑の木がないことに気がつきました。

二十匹のかいこは、桑の葉をほしそうにして、動いています。私は、竹田さんのところへ走って行きました。あそこの畠に、桑の木があることを思い出したからです。

さっそく、桑の葉をもらって来て、箱の中へ入れてやりますと、ねえさんは、

「葉が大きくて、たべにくいから、きざんでやりましょう」

といいました。小刀で、葉を切ってやりました。かいこは上手にたべました。

ある朝、大雨が降りました。風も吹いていましたが、私は、いつものように、桑をもらってかえって来ました。

「ぬれた葉を、かいこにやってはいけませんよ」

と、ねえさんにいわれたので、私は、桑の葉を一枚一枚ていねいにふいて、かわかしてから、かいこにやりました。

二日ほどたつと、かいこは眠りだしました。私たちなら、

横になってねるのに、かいこは、頭をちゃんとあげて眠ります。それも、一日中、そのまま眠りとおすので、首がつかれないだろうかと思いました。

私は、早くまゆを作るところが見たいので、ねえさんに、

「いつごろまゆを作るでしょう」

と聞くと、

「今、三眠ですから、もうあと一度眠ったら、まゆを作りますよ」

といいました。

むしあつい日がつづいて、かが出るようになりました。ある夜、私が本を読んでいますと、あまりかが多いので、かとり線香をつけました。

そのあくる日の朝、箱をのぞいて見ると、どうしたことでしょう、あんなに元気のよかったかいこが、みんな弱っているではありませんか。

私はおどろいて、ねえさんを呼びました。

「ゆうべ、桑をやるのを忘れませんでしたか」

「いいえ、新しいのをたくさんやっておきました」

「どうしたのでしょうね」

ねえさんも考えていましたが、

「このへやで、かとり線香をつけませんでしたか」

とたずねられて、私は、はっとしました。

「ええ、ゆうべ、つけました」

「あ、それですよ。かいこは、あれが大きらいですからね」

「ねえさん、助るでしょうか」

「さあ」

私は、あわてて窓をあけました。桑をもらいに行く途中も、心の中で、「どうぞ、元気になりますように」といのりました。

つみたての桑の葉をやると、かいこは、どうやらからだをのばすようにして、そろそろたべ始めましたので、私はほっとしました。

けれども、どうしても桑をたべようとしないのが、五匹いました。そののち、だんだんやせて行って、三日めには、五匹とも死んでしまいました。
四度めの眠りをすましたかいこは、二日三日すると、からだもずっと大きくなって、桑の葉を、おいしそうに、たくさんたべました。
そのうちに、青白かったからだが、だんだんすきとおって見えるようになりました。ねえさ

んは、

「さあ、もうじき、まゆを作りますよ」

といいました。

ねえさんに、こしらえてもらったわらのおうちを、箱の中へ入れてやると、かいこは、静かにはいあがって来て、「さて、どこにまゆを作ろうかな」というようなようすをしました。

かいこは、糸をはき出しました。目に見えないような細い糸を、さかんに口から出して、自分のからだのまわりを包んで行きました。

「あんな青い桑の葉をたべて、よく、こんな白い糸が出て来るものですね」

と、ふしぎに思っていいますと、ねえさんも、

「ほんとうにね」

といいました。

初めは、うすい、うすい紙のようなまゆでしたが、それが、だんだんあつみをもって来て、かいこは、まゆの中に、かくれて見えなくなりました。

ある日、竹田さんが遊びに来ました。私が、かいこの箱を見せますと、

「あら、きれいなまゆができましたね」

と、感心したようにいいました。

八　おさかな

皿のおさかな、
どこから来たの。
皿のおさかな、
海から来たの。

海はひろびろ
なみの底、
たいやかつおが
いたでしょう。

こんぶの林が
あるでしょう。
わかめの野原が
あるでしょう。

皿のおさかな、
もう一度、
泳ぐところが
見たいなあ。

九　ふなつり

「このへんが、つれそうだね」

と、にいさんが、小川をのぞきこんでいいました。

水草が、たくさん生えていました。きっと、魚がかくれているにちがいありません。私たちは、急いでつりのしたくをしました。

にいさんが、ひゅっと、つり竿をふると、つり糸が、空に大きなわをえがきました。ぽんと音をたてて、うきが水の上へ落ちると、波のわが、だんだん大きくひろがりました。にいさんと並んで、私もつり始めました。

二人は、じっと、うきを見つめました。

あたりは静かで、ときどき、川かみの板橋の上を通る荷車のひびきだけが、聞えて来ます。

ぴく、ぴく、ぴく――にいさんのうきが動きました。にいさんは、あわてて引きあげました。

「なんだ、えさを取られたのか」

と、つまらなさそうに笑いました。

空の雲が水にうつって、うきのそばを、ゆっくり流れて行きます。

ぐぐ、ぐぐっと、今度は私のうきが、水の中へ引きこまれました。強い手ごたえが、つり竿をつたわって来ました。はっと思って引きあげようとすると、重くてなかなかあがりません。つり糸がぴんとはって、つり竿の先が、おじぎをするように、しきりに動いています。

「五郎、おちついてあげるんだよ」

と、にいさんがいいました。

にいさんと二人で、気をつけながら引きあげると、大きなふなが、水ぎわでぴちぴちはねて、うろこがきらきらと光りました。

十　川をくだる

私は、一度、川にそって川口まで行ってみたいと思っていました。

おとうさんが、許してくださったので、きのうの日曜日に、にいさんと二人で出かけました。

朝つゆにしめった小道を通って行くと、川の岸へ出ました。

流れが急で、白い波が、石と石との間にわき返っていました。

岸は、青葉でおおわれていますが、ところどころに、つつじの赤い花が咲いていました。にいさんといっしょに、唱歌を歌いました。すると、川の音も、同じ唱歌を歌っているように聞えました。

茂った竹やぶがあって、しばらく川が見えなくなりましたが、「ド、ド、ド、ド」という水の音が聞えて来ました。川が、たきになって落ちているのでした。

ときどき、流れがゆるやかになって、青々と水をたたえていました。川原の石の上を、せきれいがとんでいました。

しばらく行くと、向こうの岸から、小川が流れこんで来ました。こちらの岸からも、小川がそそぎこんでいます。ちょうど親の手に、子どもがすがりつくようでした。

まもなく、川の近くにある停車場に着きました。汽車が来たので、それに乗りました。汽車が走り出すと、すぐトンネルにはいりました。出ると、高いところを走っているので、川は、ずっと下の方に見えました。

だんだん両岸が開けて来て、川はばが広くなりました。ところど

ころに中洲があって、小さな木が生えていました。川はおだやかになって、音もなく流れています。

汽車が鉄橋を渡ると、今まで左手を流れていた川が、右手を流れて、日の光をあびて、まぶしいほど光りました。

村のふみきりを通る時、子どもがこちらを見て、ばんざいをしていました。

渡し場がありました。船頭さんが、舟をこいでいました。舟には、子牛も乗っていました。

汽車が止ったので、私たちはおりました。

今度は、そこから馬車に乗って、川口の町まで行くことにしました。

「ポポー」と、ラッパを鳴らしながら、川岸の道を走って行きました。そのへんは麦畠で、麦のほが出そろって、一めん黄色くなっていました。

川の向こう側に、工場があって、高いえんとつから、茶色な煙が出ていました。川の水は、

すんではいませんが、青い空をうつしながら、ゆっくりと流れて行きます。

町の入口で、私たちは馬車をおりました。あみを干してあるのが、あちこちに見えました。

車にかつおをたくさんつんで、いせいよく引いて行くのに出あいました。

町を通りぬけて、川口に近い岸に立つと、海が見えました。舟が、何ぞうもつながれていました。川の水は、ここで海へ流れこんでいます。

頭のすぐ上を、かもめが、五六羽とんで行きました。いその香をふくんだ風が、そよそよと吹いていました。

その夜、私は、次のようなことを書いて、おとうさんにお目にかけました。


川は、初め走って流れていました。

白い波をたてて、走っていました。

つかれると、ときどき木かげに休んだり、そうかと思うと、急に高いところからとびおりたりします。

小さな川と、仲よく手をつないで、川は、いつのまにか大きくなります。

きらきらと光って笑ったり、青くすんで、じっと考えこんだりします。

川にも、いろいろな心持があるように思いました。

十一　少彦名神《すくなひこなの》

大国主神が、出雲《いずも》の海岸を歩いていらっしゃいますと、波上に、何か小さな物が浮かんで、こっちへ近寄って来ました。

「何だろう、あれは」

と、大国主神は、お供の者におっしゃいましたが、お供の者にもわかりませんでした。だんだん近寄って来るのを、よく見ると、豆のさやのような物を舟にして、それに何か乗っていました。

「豆のさやに、虫が乗っています」

と、お供の者が申しました。

しかし、虫ではありませんでした。虫の皮を着物にして着ていらっしゃる、小さな神様でありました。大国主神は、

「小さな神様だなあ。いったい、何というお方だろう」

と、おっしゃいますと、お供の者は、

「こんな小さな神様を、私は、見たことも、聞いたこともございません」

と申しました。

「あなたは、どなたですか」

と、大国主神は、その神様に、おたずねになりましたが、へんじをなさいません。

その時、ひょっこり出て来たのは、ひきがえるでありました。大国主神は、

「おお、ひきがえる、よいところへ来た。おまえは、方々へ出歩いて、何でもよく知っているが、この小さなお方の名を知らないか」

ひきがえるは、目をぱちくりさせながら、

「いや、ぞんじません。きっと、あのもの知りのかかしが、知っているでございましょう」

と申しました。

かかしは、田の中に立って、四方を見ているので、何でもよく知っていました。大国主神は、かかしに向かって、

「おうい、おまえは、この小さなお方を知っているか」

すると、かかしは、

「それは、少彦名神という神様でございます。からだは小さいが、たいそうちえのあるお方でございます」

と答えました。

大国主神は、たいそうお喜びになって、少彦名神を、おうちへおつれになりました。

二人は、兄弟のように仲よくなさいました。心を合わせて、野や山を開いて田や畠にしたり、道をつけたり、川に橋をかけたりなさいました。人間や、牛や、馬の病気も、おなおしになりました。

ある日、少彦名神は、おっしゃいました。

「私は、いつまでも、ここにいるわけにはいきません。これで、おいとまいたします」

大国主神は、おどろいて、

「どうして。どこへおいでになるのですか」

「遠いところへ行きます」

「何しに行くのです」

「新しい国を開きに」

こういいながら、少彦名神は、あわの茎につかまって、するすると、おのぼりになりました。すると、一度しなったあわの茎が、はね返るひょうしに、小さな神様のおからだは、ぽんと空へとびあがりました。

「さようなら」

と一声おっしゃったまま、少彦名神は、もうお姿が見えなくなってしまいました。

十二　田植

そろた、出そろた、
さなえが　そろた。
植えよう、植えましょ、
み国のために。
　米はたから、たからの草を、

植えりゃ、こがねの花が咲く。

そろた、出そろた、
植え手も　そろた。
植えよう、植えましょ、
み国のために。
ことしゃ　ほう年、穂に穂が咲いて、
みちの小草も　米がなる。

十三　にいさんの愛馬

国男、今日は、軍隊の馬のことを知らせてあげよう。

毎朝、にいさんたちは、きっと馬屋へ行く。馬屋には、それぞれ受持の馬が、ちゃんと待っているからだ。

馬屋へ行って、馬をねどこから外へつれ出し、ひづめを洗い、鉄で作ったくしとはけで、馬のからだをこすって、きれいにしてやる。すると、馬は、おとなしくじっとしている。気持がよくて、うれしいのだろう。

入営したてのころは、馬のそばへ近寄ることが、こわかった。「オーラ、オーラ」といいながら、こわごわ馬に近づく。馬は、おとなしくしている。それでも、馬の足をかかえて、ひづめを水で洗ってやるのには、なかなか勇気がいった。もう、今では、なれてしまって、そんなことは何でもなくなってしまった。

あたたかい馬のからだや、すべすべした、やわらかい毛なみにさわると、もう、手入れをしないではいられない。自分の馬が、ほかの馬にくらべて、少しでもきたないと、何だか馬にすまない気がする。それで、手入れにむちゅうになるのだ。

これほど、毎日馬をかわいがってやると、馬の方でも、ちゃんとにいさんをおぼえてしまう。「ヒヒン」とないて、大きな目で、じっとにいさんを見つめる。

国男のすきなうちの犬を、「しろ、しろ」

と呼ぶと、しろが尾をふってとんで来るように、にいさんの愛馬安友も、「やす、やす」といってやると、いかにもうれしそうに前足をあげて、かるく地面をたたく。こうなると、もう馬ではなくなって、まったくの友だちになってしまう。だから、自分のかわいがった馬のことは、いつまでも忘れられないで、お正月には、馬にあてて、年賀状をよこす兵隊さんもあるそうだ。にいさんは、いつも、腰にふくろをさげている。愛馬ぶくろといって、その中には、馬のだいすきなにんじんがはいっているのだ。

いつか国男にも、にいさんの愛馬を、ぜひ見せたいと思っているが、その時は、きっと、にんじんを忘れないように頼むよ。

十四　電車

にいさんと、電車に乗りました。

人がいっぱい乗っていて、あいている席は、一つもありませんでした。私が、にいさんと並んで立っていますと、すぐ前に掛けていたよそのおじさんが、私の顔を見ながら、

「ぼっちゃん、ここへお掛けなさい」

といって、立ってくださいました。私は、

「いいんです。ぼく、立っていますから」

といいましたが、おじさんは、

「いや、わたしは、もうじきおりますから、かまわずに、お掛けなさい」

といいながら、あっちへ行きかけました。

「どうも、ありがとう」

と、にいさんがいいました。

「ありがとう」

と、私もいいました。

「せっかく、あけてくださったのだ。おまえ、お掛け」

と、にいさんがいいましたから、私は掛けました。

次の停留場へ来た時、おじさんは、そこでおりるのかと思ったら、おりませんでした。

それから、二つ三つ停留場を過ぎて、表町まで来ますと、人がたくさんおりて、席があきました。おじさんも、ここでおりまし

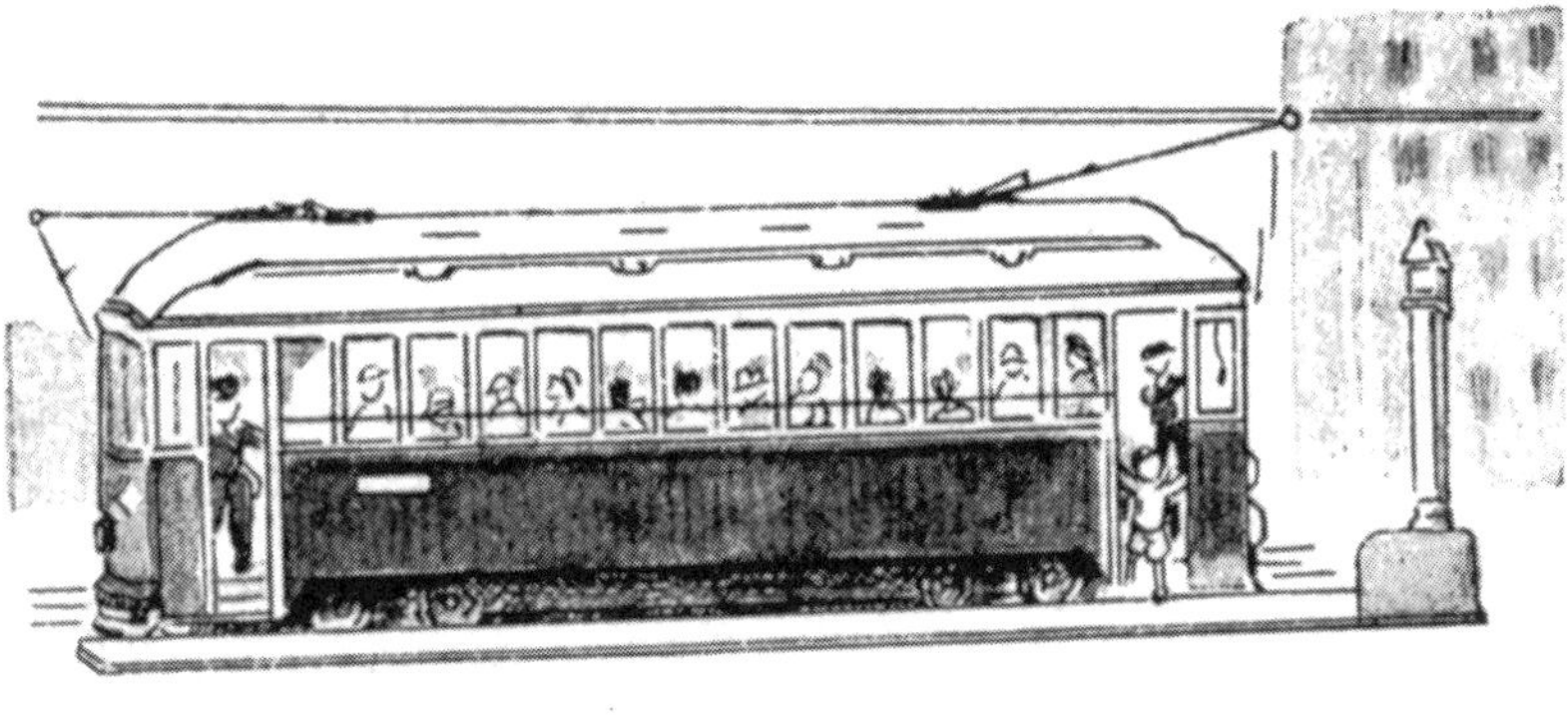

た。にいさんは、私のそばへ掛けました。

しかし、入れ代りに、大勢の人が、どやどやとはいって来ました。席はみんなふさがった上に、立っている人も、たくさんありました。

いちばんあとからはいって来たのは、七十ぐらいのおばあさんと、赤ちゃんをおぶったおばさんとでした。すると、にいさんが、小さな声で、

「立とう」

といいました。

おばあさんとおばさんが、ちょうど私たちの前へ来た時、私たちは、すぐ立って、席をゆずりました。二人は喜んで、

「どうも、ありがとうございます」

といいながら、ていねいにおじぎをして、掛けました。

電車は、また動きだしました。

十五　子ども八百屋《やおや》

子どもの車だ、
八百屋の車だ、
子どもの買出し。
　押せ押せ、車を、
よいしょ、よいしょ。

おとうさんは出征、
おかあさんと四人で、
八百屋だ、毎日。
　押せ押せ、車を、
よいしょ、よいしょ。

くに子も、ひさ子も、
あと押し頼むぞ。

にいさん、しっかり。
　押せ押せ、車を、
　よいしょ、よいしょ。

きゅうりも、おなすも、
かぼちゃも、トマトも、
にこにこしてます。
　押せ押せ、車を、
　よいしょ、よいしょ。

おかあさんが待ってる。
お客も待ってる。
急いで、かえろう。
　押せ押せ、車を、
　よいしょ、よいしょ。

十六　夏の午後

「ジーッ」と、せみが鳴きだした。

ぼくは、はだしで庭へ出た。せみは、桐の木で鳴いている。そっと行って見ると、一メートル半ぐらいの高さのところに、あぶらぜみが一匹止っている。せいのびして、手をのばしてみたが、だめだ。ぼくの手先より二十センチも高い。取れないと思うと、くやしくなって、木の幹をとんとたたく。せみは、びっくりしたように、「ジジ」と声をたてて、とんで行った。

井戸ばたへ行って、足を洗った。ざあっと、つめたい水をかけると、いい気持だ。げたをはいて、うらの畠へ行ってみる。

なすも、きゅうりも、みんな暑そうにぐったりしている。きゅうりにそえて立ててある竹に、とんぼが止ったり、はなれたりしている。

畠のすみの日まわりは、暑い日を

いっぱい受けて、金のお皿のようなのが、三つ咲いている。今では、ぼくよりもずっとせいが高いが、これもぼくが植えたのだと思うと、何だかかわいい気がする。

暑い、暑い。うちへかえって、えんがわに腰を掛けていると、川で、だれか遊んでいるらしい。楽しそうな声が聞えて来る。そうだ、ぼくも行ってみよう。

「おかあさん、川へ行ってもようございますか」

と大きな声で聞いてみると、

「あぶないから、よく気をおつけなさい」

と、あちらでおかあさんの声がした。

ぼくは、帽子をかぶって、いちもくさんに走って行った。

十七　日記

七月十六日　月曜日　晴

朝起きると、おとうさんは、もう庭の朝顔のせわをしていられた。

「ほうら、こんな大きな、赤い花が二つ咲いた」

と、にこにこ顔。

学校では、三時間めに、三年生以上の合同体操があった。暑い夏の日が、かんかんてりつける中で、行進をしたり、かけ足をしたり、体操をしたりした。

七月十七日　火曜日　晴

けさは、朝顔が三つ咲いていた。水色が二つに、赤が一つ。

学校では、四時間めに、共同作業をした。ぼくたちは、校舎のうらの草をむしった。先週の金曜日に抜いたのに、もうのびた草がだいぶある。一本一本きれいに抜いた。

とし子さんが「きゃっ」といったので、見ると大きなみ

みずがいる。先生が、

「みみずぐらいに、どうしてそんな声をたてるのです」

とお笑いになった。

七月十八日　水曜日　くもり

くもっていたせいか、朝からむし暑かった。朝顔は、二つ咲いていた。赤一つ、白一つ。

三時間めの合同体操の時は、汗でべとべとした。夏は、かんかんとてった方が、気持がいいと思った。

夕はんがすんでから、おかあさんと、ねえさんと、ぼくと三人で、えん日へ行って、すず虫を買ってかえった。ねる時には、涼しそうな声で鳴いていた。

七月十九日　木曜日　晴

朝起きると、すぐすず虫を見た。元気なので、安

心した。きゅうりを少しやった。

学校からかえってみると、戦地の兵隊さんから、はがきが来ていた。この前、いもんぶくろと、いもん文を送ったので、そのへんじであった。送ってあげたつりどうぐで、魚をつるのが楽しみだと書いてあった。

七月二十日　金曜日　晴

今日は、海の記念日である。

朝礼の時間に、ラジオでも、そのお話があった。教室で、先生から、

「今日が、どうして海の記念日になったのでしょう」

と聞かれた時、

「明治九年の今日、明治天皇が、明治丸という帆前船で、北海道から、横浜《よこはま》へおかえりになったからです」

と、朝ごはんの時、ねえさんから聞いたことをお答えした。

ラジオは、一日中、海のお話や、音楽で、にぎやかであった。

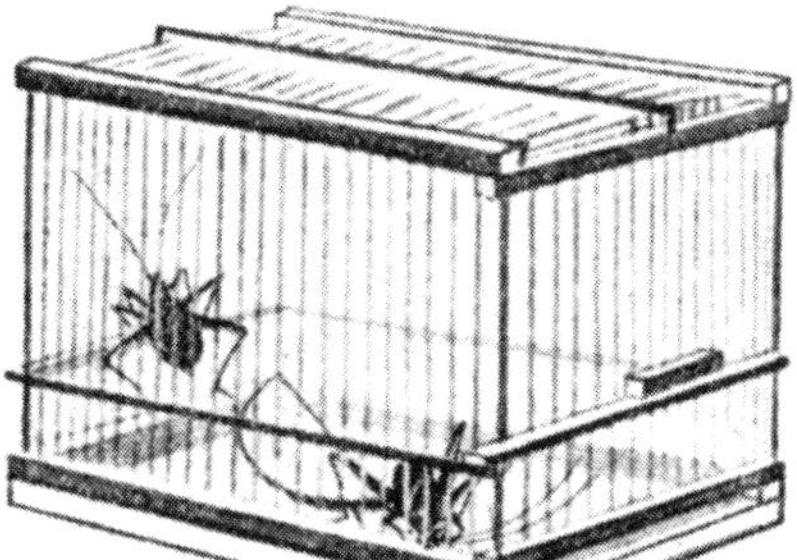

十八　カッターの競争

今日は、海の記念日で、海軍のカッターの競争がありました。

夏の空は、からりと晴れて、白いかもめが、海の上を、すいすいとんで行きます。青い波の上に、赤・白・黄・みどりの旗が浮かんでいます。カッターの競争の出発線です。沖の方にも、同じような旗が小さく見えます。海岸も軍艦の上も、おうえんの水兵さんたちで、いっぱいです。

「おまえたちは、この軍艦を代表して、競争するのだ。今日こそ、日ごろきたえた力を、ためすことができる。みんな心を合わせて、一生けんめい、たおれるまでこぐのだぞ」

という艦長のことばにはげまされて、白組十三人の選手は、カッターに乗りうつりました。日にやけた、まっ黒な顔に、白いはちまきをしっかりしめています。艇長《ていちょう》が、

「かい、ひたせ」

と号令を掛けると、

「オー」

と、掛声勇ましく、かいをいっせいに水にひたします。やがて、「ザ、ザ、ザー」と、力強く水をかきますと、あの太いかいが、弓のように曲りました。

出発線に、四そうのカッターが並びました。用意のラッパが鳴りました。「ドン」と出発のあいずです。

カッターは、いっせいにこぎ出しました。十二本のかいは、まるで一本のかいのように、きちんとそろいます。一かきごとに、ぐんぐん早さをまして進みます。はく手が、あらしのように起りました。

カッターは、だんだん遠ざかって、小さくなりました。旗を立てた船が、たくさん出ていて、しきりにおうえんをしています。

沖の旗をまわって、四そうのカッターは、だんだん、こちらへ近づいて来ました。

決勝線まで、わずか二百メートルぐらいになりました。まだ勝ち負けはわかりません。選手は、力いっぱいこいでいます。艇長は、大きな

掛声で、選手をはげましています。
最後の百メートルというところで、
白が、ぐいぐい出て来ました。
はく手が、さかんに起りました。
「ドン」
決勝を知らせる銃の音がしました。
白が勝ったのです。
白のカッターからは、さっと、か
いがいっせいに立ちあがりました。
十三人の選手の顔は、にこにこと
うれしそうでした。

十九　夏やすみ

あすからうれしい夏やすみ、

まぶしく晴れた大空に、
ま白な雲が浮いている。

あすからうれしい夏やすみ、
山べに野べに白ゆりが、
ゆめ見るように咲いている。

あすからうれしい夏やすみ、
まき場のこまが朝風に、
いなきながら呼んでいる。

あすからうれしい夏やすみ、
大波小波うち寄せて、
海がわたしを待っている。

二十　ににぎのみこと

天照大神《あまてらすおおみかみ》は、ににぎのみことに、

「日本の国は、わが子わが孫、その子その孫の、次々にお治めになる国であります。みことよ、行ってお治めなさい。おだいじに。天皇の御位は、天地のつづくかぎり、いつまでもさかえましょうぞ」

と仰せになりました。そうして、御鏡に、御玉と、御剣をおそえになって、みことにお渡しになりながら、

「この鏡は、わがみたまとして、だいじにおまつりなさい」

と仰せになりました。ににぎのみことは、つつしんでお受けになりました。

大勢の神様が、お供をなさることになりました。いよいよおたちという時、先発の者が、急いでかえって来て、

「下界へ行く途中に、恐しい男が、道をふさいで立っております。せいも高うございますが、鼻が恐しく高く、目は、鏡のようでございます。その上、からだ中から光を出して、天も地も、明かるいほどでございます」

と申しました。

天照大神は、このことをお聞きになって、

「それは何者であろう。天《あめ》のうずめ、たずねてまいれ」

とおいいつけになりました。

天のうずめのみことは、しっかりした、しかもおもしろいお方でありました。行ってごらんになると、なるほど相手は恐しそうな男です。うずめのみことは、わざと、おどけたようすをして、お笑いになりました。すると、その恐しい男がいいました。

「おまえはだれだ。どうして、そんなに笑うのか」

「おそれ多くも、皇孫ににぎのみことのお通りになる道を、ふさいで立っているあなたこそ、だれです」

と、うずめのみことは、お問い返しになりました。

相手は、急にようすをかえて、

「いや、私は、皇孫がおいでになると承って、ここへお迎えに出ている者です。私が御案内いたします。私の名は、猿田彦《さるたひこ》と申します」

といいました。

うずめのみことは、かえってこのことを申しあげました。

ににぎのみことは、天照大神に、おいとまごいをなさって、大空の雲をかき分けながら、勇ましくおくだりになりました。猿田彦神《さるたひこのかみ》が、先に立って、御案内申しあげました。

ににぎのみことは、日向《ひゅうが》の高千穂《たかちほ》の峯におくだりになりました。そうして、天照大神のおことばどおりに、日本の国をお治めになりました。

二十一　月と雲

月夜の晩、子どもたちが五六人集って、かげふみをして遊んでいました。

そのうちに、月に雲がかかりました。月は、雲にはいったかと思うと、すぐ出、出たかと思

うと、すぐまたはいります。こうなっては、かげふみもできません。子どもたちは遊ぶことをやめて、しばらく月を見ていました。

するど、一人の子どもがいいました。

「あれは、お月様が走っているのだろうか、雲が走っているのだろうか」

月は、今、雲から出て、大急ぎではなれて行きます。そうして、次の雲の方へ、どんどん走って行きます。

「お月様が走っているのだよ」

と、一人の子どもがいいました。

しかし、じっと月を見つめていますと、月は動かないで、雲が大急ぎで飛んで行くように見えます。

「お月様ではない。走っているのは雲だ」

という子どもがありました。

しばらくは、「月が走る」「雲が走る」と、たがいにいいはっていました。

みんながわいわいいうのを、初めからだまって聞いていた一人の子どもがありました。その子どもは、この時、みんなからはなれて、前の方にある木のそばへ行きました。そうして、しばらく枝ごしに月を見ていましたが、

「ここへ来たまえ。雲が走るか、お月様が走るか、よくわかるよ」

といいました。みんなは、木のそばへ来ました。

「ここに立って、お月様を、枝の間から見たまえ」

と、その子どもがいいました。

そのとおりに、みんながしてみました。すると、月は枝の間にじっとしていますが、雲はさっさと走って行きます。

「わかった、わかった。走っているのは雲だ、雲だ」

と、みんながいいました。

二十二　軍犬利根《とね》

一

利根は、小さい時、文子さんのうちで育てられた、勇ましい軍犬です。

文子さんが、ちょうど三年生になったばかりのころ、おじさんのうちから、子犬を一匹もらって来ました。その親が、軍犬として、戦地ではたらいていると聞いた文子さんは、もらった子犬も、りっぱな軍犬にしてみたいと思いました。

子犬には、利根という名をつけました。それは、おじさんの家のそばを流れている、大きな川の名を取って、おとうさんがおつけになったのです。

文子さんのうちでは、みんな犬がすきでした。利根の来るずっと前にも、犬をかっていたことがあるので、文子さんは、ほんとうによく、利根をかわいがりました。朝夕、からだの毛をすいたり、きれでからだをふいてやったりしました。毎日、

きまったように、運動をさせてやりました。たべものにもよく気をつけて、間食などは、できるだけさせないようにしました。おかげで、利根は、子犬のよくかかる病気にもならないで、すくすくと育ちました。

利根はかしこい犬でしたから、文子さんに教えられると、「おあずけ」でも、「おすわり」でも、すぐおぼえました。文子さんは、利根がどこへでもついて来るので、かわいくてたまりませんでしたが、ただ学校へ行く時、何べん追いかえしても、あとからついて来るのには困りました。

文子さんは、おじさんに聞いて、利根に「待て」を教えました。子犬ですから、これは、なかなか聞きませんでしたが、決してしかったり、たたいたりしないで、少しでもできると、頭をなでてほめてやりました。のちには、文子さんが学校へ行く時、とんで来ても、

「すわれ」「待て」

といいますと、行儀よくすわって、お見送りをするようになりました。

こうして、その年の秋も過ぎ、冬の初めになりますと、

利根は、もう子犬ではありませんでした。近所の、どの犬よりも大きく見えました。三年生の文子さんがつれて歩いているのに、向こうから来る人は、大人でも、遠くからよけて通るほど、強そうな犬になりました。

お正月が来るとまもなく、文子さんがねがっていたように、利根は、軍隊の軍犬班《はん》へ、はいることになりました。

出発の前の晩、文子さんは、利根にたくさんのごちそうをしてやりました。自分の育てた犬が、いよいよ軍犬になるのだと思うと、うれしくてたまりませんが、別れるのは、ほんとうにつらいと思いました。

文子さんは、日の丸の小さな旗を作って、利根の首につけ、寒い日の朝、おかあさんといっしょに、停車場まで見送ってやりました。

二

それからのち、利根のかかりの兵隊さんから、ときどき、利根のようすを知らせて来ました。文子さんも、手紙を出しました。

文子さんが、四年生になった秋のころ、兵隊さんから、次のような手紙が来ました。

利根は、たいそうりっぱな軍犬になりました。高いしょうがいをわけもなくとびこえます。腹を地につけて、ふせをしたり、川を泳いで渡ったり、遠くにかくしてある手ぶくろを、すばやくさがしあてたりします。もう、軍犬のすることは、どの犬にも負けないで、りっぱにやりとげます。

あなたから手紙が来ると、それを、利根に見せてやります。利根は、なつかしそうに、においをかぎながら目の色をかえて喜びます。あなたが、かわいがっていられたのと同じ気持で、私も、利根を一生けんめいで育てています。どうぞ、安心してください。

三

それから半年ほどたって、ちょうど、文子さんが五年生になったころ、利根は、勇ましく北支那へ出征しました。

りこうな利根は、戦場で、敵のいるところをさがしあてたり、夜、ふいに近寄ろうとする敵の見はりをしたり、隊と隊との間のお使いをしたり、何をさせてもすばらしいはたらきをしました。

そのうちに、利根のついている部隊は、何倍という敵を相手に、はげしく戦う時が来ました。みかたの第一線は、敵前わずか五十メートルというところまでせまって、ざんごうの中から、敵をこうげきしましたが、敵は多数で、弾は雨あられのように飛んで来ます。みかたはそのまま、一週間もがんばりつづけましたが、その間、第一線と本部との間をお使いするものは、軍犬利根でありました。

利根は、毎日、五回も六回も、この間を行ったり来たりしました。首わのふくろに、通信を入れてもらって、

「行け」

といわれるが早いか、どんなにはげしく、弾が飛んで来る中でも、勢よくかけ出しました。のちには、敵が利根の姿を見つけて、弾をあびせかけます。それでも利根は、弾の下をくぐるように抜けて、走りつづけました。かかりの兵隊さんはもちろん、みんなの兵隊さんが、利根のこうしたはたらきを見て、涙を流すほどでした。

いよいよ、わが軍が、敵の陣地にとつげきする日が来ました。

午前五時、まだ、あたりはうす暗いころ、利根は、最後の通信を首にして、

「行け」

の命令とともに、走り出しました。敵の弾が、うなりをたてて飛んで来ます。利根は、ひた走りに走りました。

本部では、利根のかかりの兵隊さんが、今にも、利根が来るだろうと思って、待っていました。すると、向こうの、こうりゃんのあぜ道の間に、利根の元気な姿が見えました。

「ようし、来い、利根」

と、兵隊さんは呼びました。

利根は、もう百メートルで、本部というところへさしかかりました。

ちょうどその時、敵の弾が、ばらばらと飛んで来ました。利根は、ぱったりとたおれました。

「ようし、来い、利根。ようし、来い、利根」

と、かかりの兵隊さんは、気がくるったように呼びつづけました。

この声が通じたのか、利根は、むっくりと立ちあがりました。しかし、もう走る力がありません。かかりの兵隊さんは、敵の弾が飛んで来るのもかまわず、はうようにかけ出して、利根のからだを、しっかりとだきかかえました。

一時間ばかりののち、わが軍は、勇ましく敵にとつげきして、とうとう、その陣地をせんりょうしました。

四

利根のてがらは、かかりの兵隊さんから、くわしく文子さんに知らせて来ました。そうして、おしまいに、
利根は、足をやられただけですから、まもなく、よくなることと思います。利根は、そのうち、きっと甲号功章を、いただくにちがいありません。
と書いてありました。この手紙を見て、文子さんは、
「まあ、利根が」

といったまま、つっぷして、泣いてしまいました。

「利根はえらい。感心なやつだ」

と、おとうさんも涙を流しながら、お喜びになりました。

二十三　秋

ちんちろ松虫、
虫の声、
庭の畠で
鳴きました。

ぎんぎら葉の露、
草の露、
月の光が
ぬれました。

とろとろもえる火、
いろりの火、
栗がはぜます、
においます。

二十四　つりばりの行くえ

一

ほでりの命《みこと》は　おにいさま、
ほおりの命は　おとうとご。
あに神さまは　つりのため、
おとうと神は　かりのため、

毎日まいにち　海と山、
おいでになって　おりました。

ところで、ある日のことです。

ほおりの命「にいさん、お願いがあります」

ほでりの命「何だ」

ほおりの命「にいさんは、毎日海へ出て、魚を取っていらっしゃる。私は、毎日山へ行って、鳥や、けものを取っていますね」

ほでりの命「そうだ」

ほおりの命「そこで、お願いがあるのですがね」

ほでりの命「どういうことだ」

ほおりの命「今日一日だけ、私に海へ行かせてくださいませんか、にいさんは、山へいらっしゃって」

ほでりの命「そんなことは、いやだよ」

ほおりの命「たった、一日だけでいいのです」

ほでりの命「いくら一日でも、いやだ」

ほおりの命「そうおっしゃらないで、今日だけ、私につりをさせてください」

ほでりの命「そんなに、つりがしたいのか」

ほおりの命「そうです。私も、一度、あの大きな鯛をつってみたいのです」

ほでりの命「では、つりをしてみるがいいさ。しかたがない、わたしは山へ行こう」

ほおりの命「ほんとうですか」

ほでりの命「ほんとうだ。このつり竿を持って行け」

ほおりの命「ありがとうございます。にいさんは、この弓と矢を持って、山へいらっしゃい」

二

ほおりの命「どうして、つれないのだろう。朝から、一匹もつれない。

その時、何かが糸を引く。

おや、引く、引く。ぐいぐい、引くぞ。しめた、大きな魚だ。引きあげてやろう。よいしょ。

ほおりの命が、つり竿をお引きあげになる。糸がぷつりと切れて、魚が逃げる。

しまった。大きいのを逃した。

残念そうに、つり糸をいじっていらっしゃったが、ふと、つりばりのないのに気がついて、

つりばりがない。どうしよう、困ったな。ああ、しかたがない。にいさんにあやまろう。にいさんはおおこりになるだろうな」

三

ほでりの命「山へ行っても、小鳥一羽取れなかった。おもしろくもない。さ、弓矢を返すよ」

ほおりの命「まことにすみません」

ほでりの命「何かつれたか」

ほおりの命「ちっとも、つれなかったんです。つれないどころか、申しわけのないことをしてしまいました」

ほでりの命「どうしたのだ」

ほおりの命「つりばりを、魚に取られてしまいました」

ほでりの命「取られたって」
ほおりの命「そうです」
ほでりの命「――」
ほおりの命「どんなことでもして、おわびいたします」
ほでりの命「おまえからいい出しておいて、だいじなつりばりをなくしてしまうなんて、あんまりだ」
ほおりの命「ほんとうに、申しわけがありません。どうぞ、お許しください」
ほでりの命「いや、許すことはできない」

四

ほおりの命は、海べで泣いていらっしゃる。そこへ、一人の年取った神様がおいでになる。

神　様「もしもし、あなたは、どうしてそんなに泣いていらっしゃるのですか」
ほおりの命「にいさんのだいじなつりばりを、魚に取られて、困っているところです」
神　様「それは、おきのどくな。私が、いいことを教えてあげましょう。そこに、舟があるでしょう。あれに、すぐお乗りなさい。私が、その舟を押してあげますから、しばらく、目をつぶっていらっしゃい。すると、まもなく、きれいな御殿へお着きになるでしょう」

ほおりの命　「きれいな御殿。何の御殿ですか」

神様　「海の神様の御殿です。その御殿の門のそばに、井戸があって、井戸のそばには、大きな木が立っています。あなたは、その大きな木にのぼって、待っていらっしゃい」

ほおりの命　「そうすると」

神様　「海の神様が、きっといいことを教えてくださるでしょう。さあ、舟にお乗りなさい。押してあげますから」

五

海の御殿の門の前に、大きな木が立っている。ほおりの命は木を見あげながら、

ほおりの命　「ははあ、この木のことだな。のぼっていよう。

木にのぼって、下をごらんになる。

あ、井戸がある。きれいな水だな」

女が出て来る。井戸の水をくもうとして、

女　「まあ、りっぱな神様が、水にうつっていらっしゃる」

木の上を見あげて、女は、うやうやしくおじぎをする。

ほおりの命　「水を一ぱいください」

女　「かしこまりました」

女は、井戸から水をくんで、ほおりの命にさしあげる。ほおりの命は、ぐっとお飲みになって、

ほおりの命　「ああ、うまい水だ。ごちそうさま」

六

正面に、海の神様が腰を掛けていらっしゃる。そこへ、女が出て来る。

女　「海の神様」

海の神様　「何だ」

女　「門の前の木に、りっぱな神様がいらっしゃいます」

海の神様　「りっぱな神様が」

女　「さようでございます」

海の神様「それは、きっと日の神のお子様にちがいない。お迎えしましょう」

海の神様が、ほおりの命をおつれ申して、出ておいでになる。

海の神様「どうぞこちらへ。

ほおりの命は、腰をお掛けになる。

よくおいでくださいました。何か御用でございましょうか」

ほおりの命「じつは、海でつりをしていたら、つりばりがなくなってしまいました」

海の神様「つりばりが」

ほおりの命「そうです。それは、兄のだいじなつりばりで、私も困ってしまいました。すると、年取った神様が、私に、海の御殿へ行くように教えてくれました。それで、今ここへやって来たのです」

海の神様「それは、ほんとうにお困りでございましょう。さっそく、さがさせてみましょう。

女に向かって、

魚たちを、みんなここへ呼び集めるように」

女「はい。

女は、魚たちをたくさん呼んで来る。

呼んでまいりました」

海の神様「これでみんなか」
女「はい。鯛だけは病気でねていますので、ここへまいっていません」
海の神様「そうか。みんなの者にたずねるが、だれか、日の神のお子様のつりばりを、取って行ったものはないいか」
魚たち「ぞんじません」
海の神様「いや、たしかにあるはずだ。だれか、知っているものはいないか」
魚たち「少しもぞんじません」
海の神様「おかしいな。

海の神様は、しばらくお考えになって、女に、

では、鯛をちょっとここへ呼んで来てくれないか」
女「はい」

女は、鯛をつれて出て来る。

鯛「何か御用でございましょうか」
海の神様「おまえは、日の神のお子様のつりばりを知っていないか」
鯛「じつは、この間、つりばりをのどにかけまして、たいへん苦しんでいるところでございます」

海の神様　「あ、それだ。

女に向かって、

鯛ののどから、そのつりばりを取ってやれ」

女　「はい」

つりばりを取る。

鯛　「あ、これで、すっかりらくになりました」

女は、つりばりを水で洗って、海の神様にさしあげる。

海の神様　「なるほどつりばりだ」

海の神様は、ほおりの命の前にひざまずいて、

海の神様　「このつりばりでございますか」

ほおりの命　「あ、これだ。たしかにこれです」

ほおりの命は、思わずにっこりなさる。

海の神様　「見つかって、ほんとうによろしゅうございました。

だいじな、だいじな　つりばりが、
出て来て神さま　およろこび。
いたい、いたいと　泣いていた、
鯛もよろこび　おめでたい。
めでた、めでたと　さかなたち、
みんなまうやら　歌うやら。

初等科国語　二

一　神の剣

神武天皇は、日向《ひゅうが》をおたちになって、大和《やまと》の方へお進みになりました。はるばると海を渡って、紀伊《きい》の熊野《くまの》という村にお着きになりますと、ふいに、大きな熊《くま》が山から出て来て、すぐ、またかくれてしまいました。

天皇は、ふしぎに、ねむくおなりになりました。お供をしていた大勢の御軍人《みいくさびと》たちも、ねむくなりました。いつのまにか、天皇は、おやすみになっていらっしゃいます。御軍人たちもみんな、ぐうぐうねてしまいました。

この村に、高倉下《たかくらじ》という人がいました。夜、ふしぎなゆめを見ました。

天照大神《あまてらすおおみかみ》が、たけみかづちの神という強い神様に、こう仰せになっています。

「日本の国は、今、たいそうさわがしいようである。わがみこたちも、なんぎをしていられるであろう」

すると、たけみかづちの神は、

「この剣を、天皇にさしあげることにいたしましょう。熊野の村に、高倉下という者がおりますから、その者の倉《くら》を目あてに、この剣を落します。――高倉下よ。朝になったら、きっとこの剣を、天皇にさしあげるように」

この御声とともに、剣が天から落ちて来ました。

高倉下は、はっと目がさめました。朝早く起きて、倉へ行って見ますと、屋根をつき抜けて、ゆめに見た神様の剣が、ちゃんとありました。

高倉下は、急いで、天皇のおやすみになっていらっしゃるところへ、かけつけました。

高倉下が、剣を天皇にさしあげると、

「おお、長くねたものだ」

と仰せになって、天皇はお目ざめになりました。そうして、剣をお受け取りになりました。

すると、あの熊になって出て来たわる者たちは、この剣で、みんな殺されてしまいました。

御軍人たちは、目をさましました。勇ましくふるい立って、大和へ進軍しました。

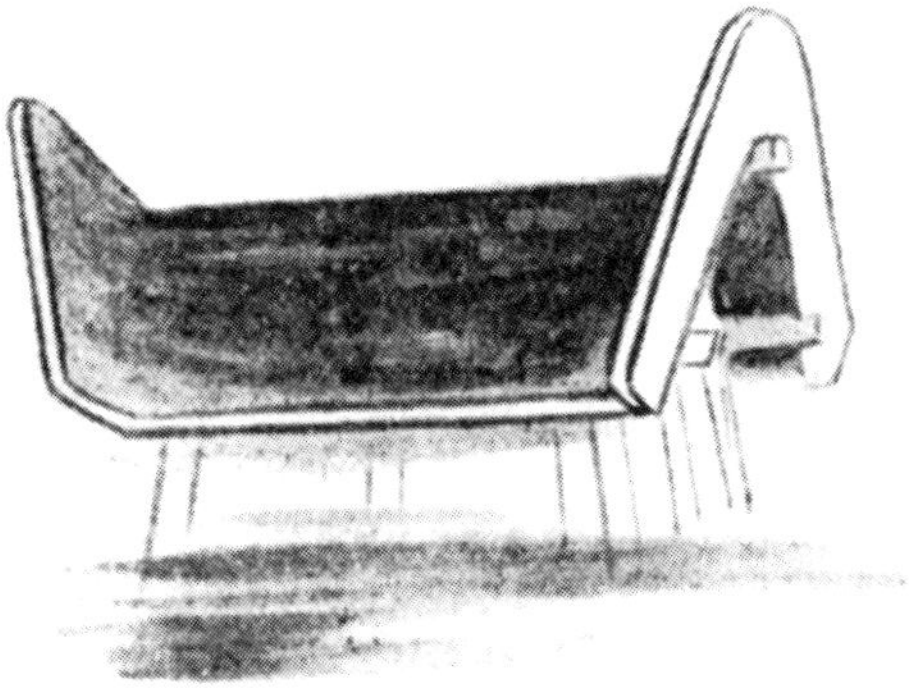

二　稲刈

学校がすむと、すぐ、たんぼへ行きました。今日は、うちの稲刈です。よいお天気で、あちらでもこちらでも、稲を刈っています。

田のあぜに、むしろを敷いてもらって遊んでいた弟が、遠くから私を見つけて、

「ねえさん」

と喜んで呼びました。

「ただいま」

といって、私はかばんをおろしました。

稲を刈っていられたおとうさんと、おかあさんは、腰をのばしながら、

「やあ、もう学校がすんだのか。早かったな」

「そこのかごの中に、おいもがあるから、二人でおあがり」

といわれました。

ふかしたさつまいもをかごから出して、弟といっしょに

たべました。

稲がだんだん刈られて来るせいか、いなごが、たくさんこちらへ飛んで来ます。そうして、稲の葉や茎に止ります。取ろうとしても、なかなかつかまりません。

大きなのが一匹、すぐそばの稲の葉に止りました。そっと近づくと、くるりと葉のうらへまわって、足の先だけ見せています。右の手で、すばやく、葉といっしょにつかまえました。左の手で、頭のあたりをつかむと、あと足をふんばって、逃げそうにしました。あわてて、ぎゅっとつかんだら、あと足が取れてしまいました。下に置くと、飛べないので、地面をはって行きます。

弟は、いなごを飼うのだといって、土でかこいをこしらえました。いなごは、せまいかこいの中から、外へはい出そうとします。

「この牛は、しようがないぞ」

と、大きな声で弟がひとりごとをいいます。弟は、牛を飼っているつもりなのです。私は、おかしくなってふきだしました。

赤とんぼが、すいすいと、空を飛んでいます。

ざくざくと、稲を刈る音が聞えます。私も、何か手つだおうと思って、おとうさんや、おかあさんの方へ行きました。刈ったあとには、くくった稲の束が、田の上に並べてあります。

おかあさんは、刈るのをやめて、稲の束をまとめて、稲かけの方へ運んでいられます。私も、少しずつ持って運びました。

一人ぼっちになって遊んでいた弟が、たいくつして、

「ああん」

といいました。おかあさんが、

「おまえ、行って遊んでおやり」

といわれたので、私は、また弟の方へ行きました。

それから、夕方まで、弟といっしょに遊びました。

三　祭に招く

うらの山で、もずが鳴いています。氏神様のお祭のころになりました。去年、あなたといっしょにお参りして、楽しかったことが思い出されます。

今年は、二十五日のお祭の日が、ちょうど日曜日になります。二十四日の午後から、ねえさんをさそって、ぜひ来てください。

毎年ある花火は、今度はやめだそうですが、二十四日の晩は、いろいろな店が出てにぎわいます。お祭の日は、おかぐらや、すもうがあります。それに今年は、五年めに一度ある牛行列が通るそうです。牛にきれいな着物を着せ、牛飼が、赤白のたづなを引いて通るのは、まるで絵のようだそうです。

どうぞ、ぜひおいでください。母も、みよ子も、お待ちしています。

十月十八日

とし子

ゆり子様

お手紙、ありがとうございます。去年のお祭のことを思い出して、急になつかしくなりました。お手紙のことを姉に申しましたら、たいへん喜んで、ぜひ参りたいといっています。

久しぶりでおあいして、みなさんといっしょに、氏神様へお参りをしたり、おかぐらや、すもうを見たりしたいと思います。今年は、めずらしい牛行列が見られるそうですね。今から楽しみにしています。

二十四日の午後三時ごろ、そちらへ参ります。どうぞ、おかあさんによろしくおっしゃってください。

みよ子さんのおみやげに、わたしの作ったお人形さんを、持って行ってあげたいと思います。
さようなら。

十月二十日　　　　　　　　　　　ゆり子

とし子様

四　村祭

村のちんじゅの神様の、
今日は、めでたいお祭日。
どんどんひゃらら、
どんひゃらら、
朝から聞える笛たいこ。

としも豊年満作で、

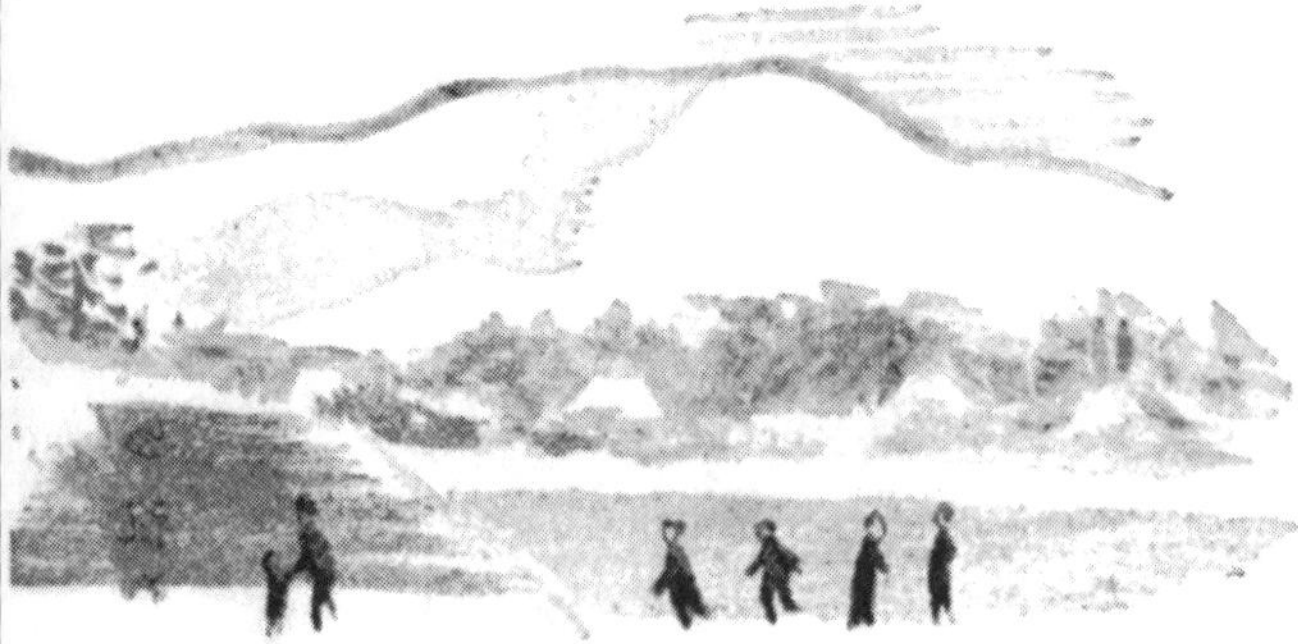

村はそう出の大祭。
どんどんひゃらら、
どんひゃらら、
夜までにぎわう宮の森。

治る御代に、神様の
恵みたたえる村祭。
どんどんひゃらら、
どんひゃらら、
聞いても心が勇みたつ。

五　田道間守《たじまもり》

垂仁《すいにん》天皇の仰せを受けた田道間守は、船に乗って、遠い、遠い外国へ行きました。
遠い外国に、たちばなといって、みかんに似た、たいそうかおりの高いくだものがあること

を、天皇は、お聞きになっていらっしゃいました。田道間守は、それをさがしに行くことになったのです。

遠い外国というだけで、それが、どこの国であるかは、わかりません。田道間守は、あの国この島と、たずねてまわりました。いつのまにか、十年という長い月日が、たってしまいました。

やっと、あるところで、美しいたちばなが生っているのを見つけました。

田道間守は、大喜びでそれを船に積みました。枝についたままで、たくさん船に積みました。そうして、大急ぎで、日本をさして帰って来ました。

「さだめて、お待ちになっていらっしゃるであろう」

そう思うと、田道間守には、風を帆にいっぱいはらんで走る船が、おそくて、しかたがありませんでした。

日本へ帰って見ますと、思いがけなく、その前の年に、天皇は、おかくれになっていらっしゃいました。

田道間守は、持って帰ったたちばなの半分を、皇后にけん上しました。あとの半分を持って、天皇のみささぎにお参りしました。枝についたままの、美しい、かおりの高いたちばなを、みささぎの前に供えて、田道間守は、ひざまずきました。

「遠い、遠い国のたちばなを、仰せによって、持ってまいりました」

こう申しあげると、今まで、おさえにおさえていた悲しさが、一度にこみあげて、胸は、はりさけるばかりになりました。田道間守は、声をたてて泣きました。

田道間守は、昔、朝鮮《ちょうせん》から日本へ渡って来た人の子孫でした。しかし、だれにも負けない忠義の心を持っていました。

泣いて泣いて、泣きとおした田道間守は、みささぎの前にひれふしたまま、いつのまにか、つめたくなっていました。

六　みかん

寒い冬の風が吹くころは、みかんの木という木に、むしろやこもの着物を着せて、暖くしてやります。それでみかんの木は、しもや雪をじっとこらえて、静かに眠っています。

春になって、暖い太陽が山一面にかがやきだすと、このみかんの木に若芽がすくすくとのびあがり、やがて、まっ白な花が咲いて、何ともいえない、よいかおりがあたりに満ちあふれます。その花が散ったあとには、かわいらしい青い実が生ります。

夏が来て、海の方から、そよそよと風が吹いて来ると、この実は、日に日に大きくなります。するとい、いろいろな害虫が、葉や枝にとりついて、みかんの木を苦しめます。そのままにしておけば、みかんの木は、弱ってしまいますから、いろいろな薬で、害虫を何べんも除きます。こうして育てたみかんの実は、秋のお祭のたいこが、村々に鳴りひびくころになると、ぼつぼつ、黄色みをおびて来ます。もうこうなったらしめたものです。

秋が終りに近づき、そろそろ冬が始るころには、この黄色にだんだん赤みが増して来て、おいしそうなみかんが、山という山、谷という谷を、うずめつくしてしまいます。そのけしきの美しさと、みかんを作った人たちの喜びとは、ことばでは、とてもいいあらわすことができません。

かごを持って山へのぼる人、みかんをせおって山をおりて来る人、上手にはさみを使って、みかんを取りながら、みかん取り歌を歌う人たちで、急に、山はにぎやかになります。

山から取って来たみかんは、一家そう出で、いろいろな種類に分けて、きちんと、箱につめて送り出します。その時は、目がまわるほどにいそがしいのです。しかし、長い間かわいがって育てたみかんが、日本中はもちろん、遠い支那へも、満洲へも、旅だつのだと思うと、心が勇んで、みんなにこにこしながら、せっせと働きます。

こうして、あたたかい心で育てられ、しんせつな手で、荷作りされたみかんは、汽車や汽船にのせられて、ふるさとを出発して行きます。

七　潜水艦《せんすい》

　春雄、おじさんは、今度、潜水艦の艦長を命ぜられた。今日は、潜水艦のことを話してあげよう。

　潜水艦は、からだが小さい。だが、軍艦旗を朝風になびかせながら、軍港を出て行く時、港内にいる軍艦と、たがいにあいさつのラッパを吹きかわして、海の上を進んで行くのは、何ともいえないゆかいなものだ。

　ところで、この潜水艦が、水の中へもぐるのだと聞くと、沈んだきりで、浮かないことがありはしないかと、思うものもあるようだが、今の潜水艦は、うまくできているから、そんなしんぱいは、まったくない。もぐりたいと思えば、いつでも、潜水艦の中のたくさんのタンクへ、水を入れて沈む。その水を押し出せば、自由に海の上へ浮くことができるのだ。

　水の中へもぐったら、海の上が見えないだろうと思

うであろうが、細長い望遠鏡《ぼうえんきょう》のようなものがあって、海の上を、すっかり見渡すことができる。また、水の中で音を聞きわける機械もあって、敵艦の進んで来る音を聞きわけながら、敵に近寄ることもできる。だから、潜水艦の乗組員の中には、どんな音でも聞きわけるような人が、いなくてはならない。春雄も、今のうちから、いろいろな音が、聞きわけられるようにしておくことがだいじだよ。

これらのほかに、みかたの潜水艦どうしで、信号しあう機械がある。海の深さが、どのくらいあるか、敵艦までどのくらいはなれているか、自分の乗っている潜水艦が、今、何メートルの深さに沈んでいるか、どれほどの早さで走っているか、それらを一々はかる機械がある。だから、潜水艦は、水の中にもぐっていても、海の上にいるのと同じように、どこへでも行くことができる。

潜水艦には、大砲もある、機関銃もある。中には、飛行機を持っているものもあるが、やはり、いちばんだいじな武器は魚雷だ。魚雷をうち出すと、生きた魚のように、水の中をくぐりながら、敵艦をめがけて行って、つきあたる。山のような戦艦や、巡洋艦《じゅんよう》や、航空母艦《こうくうぼ》も、この魚雷にはちぢみあがってしまうのだ。思っただけでも、ゆかいではないか。

潜水艦は、見はりをしている大きな敵艦にこっそり近寄ったり、遠く海を乗りこえて、敵の港の中へしのびこんだりして、ふいうちをする。そのためには、乗組員に、勇気とおちつきがたいせつだ。こうした勇気やおちつきは、子どもの時から、きたえるようにしなければならない。

どうだ春雄、大きくなったら、おじさんのように、潜水艦に乗って、お国のために、働きたくはないかね。

八　南洋

今日は日曜日で、子ども常会の日です。勇さんのうちで、げんとう会がありました。

正男さんも、太郎さんも、次郎さんも、花子さんも、春枝さんも、ゆり子さんも、みんな集りました。

勇さんのおとうさんは、にこにこして、

「今日は、おもしろい南洋の写真を、うつしてあげましょう」

といわれました。

黒い紙をはって、部屋を暗くしました。かべには、白い布がはってあって、それに、南洋のけしきが、次から次へとうつって行きました。

いちばん初めに、美しい日の丸の旗のひらめいている昭南島のけしきがうつりました。

「どんなことがあっても落ちないと、イギリスがい

ばっていたシンガポールも、わが陸海軍の勇ましい兵隊さんたちによって、攻め落されてしまいました。名も、昭南島とあらためられて、このように日の丸の旗が、南の空にひるがえっているのです」

と、勇さんのおとうさんが説明されたので、みんなはうれしくてたまりませんでした。

青い海に、静かにかげをうつしているやしの木の写真がうつりました。

「南洋の海は、明かるくてまっさおですから、着物でもひたしてそめたいと思うほどの美しさです。その海面にかげをうつすのがやしの木で、こんなけしきは、南洋のどこへ行っても見ることができます」

写真がかわりました。あたり一面に、ぱっと白い花をまき散らしたようです。

「あっ、らっかさん部隊だ」

「まあ、きれいだこと」

と、勇さんと、花子さんがいっしょにいいました。

「勇ましい日本のらっかさん部隊が、スマトラの空から、地上へおりて行くところです」

こういって、勇さんのおとうさんは、スマトラを始め、南洋からたくさんのせきゆが出ること、せきゆは飛行機を飛ばしたり、自動車や船を走らせたりするのに、なくてはならないものであることを、お話しになりました。

「おじさん、ゴムも南洋から出るのでしょう」

と、正男さんがたずねました。

「そうです。世界中のゴムの大部分は、南洋から出るのです。では、ゴムの木をうつしましょう。――木の幹にすじがつけてあるでしょう。そのみぞをつたわって、ぽたりぽたりと落ちる木の汁を、茶わんのような器で受けます。それを集めて、かためると、ゴムができるのです。あなたがたが使う消

しゴムや、ゴムまりも、はるばる南洋から海を渡って来たゴムで作ったものです」

また、ちがった写真が出ました。

「何だろう。まるで、大きなおぼんが浮いているようだなあ」

と、太郎さんが、大きな声でいいました。

「めずらしいでしょう。これは、ジャワの植物園にある鬼ばすという大きなはすです。葉のさしわたしが一メートルもあって、南洋の小さな子どもが、よく葉の上に乗って遊びます」

「おじさん、鬼ごっこはできませんか」

と、次郎さんがいったので、みんなが笑いました。

「まさか、鬼ごっこはできないでしょう」

と、勇さんのおとうさんも笑いながら、

「さあ、次には、あなたがたのすきな動物をうつしましょう。何がうつるか、あててごらんなさい」

といわれました。

「わにかな」

と、まっ先にいったのは勇さんでした。

「くじゃくかしら」

と、春枝さんがいいました。

「あっ、象《ぞう》が出た」

次郎さんは、うれしそうな声でさけびました。

「これはおまけですが、タイ国の写真です。よくなれた象が、大きな材木を、運んでいるところです」

正男さんがいいました。

「南洋って、かわっていて、おもしろいところですね。ぼく、行ってみたくなりました」

みんなもそう思いました。

すると、その時、写真がかわって、田植をしているところがうつりました。

「日本の写真ね」

と、ゆり子さんがいいました。

勇さんのおとうさんは、

「なるほど、日本によく似ていますね。しかし、これも南洋の田植です。日本と同じように、南洋でもお米を作っているのは、おもしろいことではありませんか。これから、しっかりと手をつないで行く日本も南洋も、みんなお米のできる国なのです。それでは、今日のげんとう会は、これでおしまいにしましょう」

といわれました。

黒い紙を取りのけると、今まで暗かった部屋が、ぱっと明かるくなりました。空は、今、写真で見た南洋の海のように、青々とすみきっていました。

九　映画

映画の幕は、

たったあれだけなのに、
　山がうつる、川がうつる。
映画の幕は、
たったあれだけなのに、
五階、六階、家が出て来る。
映画の幕は、
たったあれだけなのに、
　何十台の戦車が通る。
映画の幕は、
たったあれだけなのに、
　何万トンの、ほら、軍艦だ。

十　聖徳太子《しょうとく》

聖徳太子は、お生まれつき、たいそう賢いお方でありました。

ある日、太子は、御兄弟のかたがたと、お庭で遊んでいらっしゃいました。みんな、お小さいかたがたのことですから、初めは、仲よくしていらっしゃいましたが、そのうちに、何か、ちょっとしたことで、つい、けんかが始りました。

太子の御父君を、橘豊日尊《たちばなのとよひのみこと》と申しあげました。のちに、御位におつきになって、用明天皇と申しあげるお方であります。尊は、お子様たちが、何か大きな声をして、さわいでいらっしゃるのをお聞きになって、お庭へ出てごらんになりました。

すると、お子様たちは、

「きっと、おとう様にしかられるにちがいない」

とお思いになって、みんな逃げておしまいになりました。

しかし、聖徳太子だけは、お逃げになりませんでした。お逃げにならないばかりか、つつしんで御父君の前へお進みになりました。

尊は、

「なぜ、あなたは逃げないのですか」

とおたずねになりました。

太子は、

「おとう様のお心にそむいて、けんかをいたしましました
私たちでございます。橋をかけて、天へ逃げることもできません。穴をほって、地にかくれることもできません。不孝のおとがめを、つつしんでお受けいたすばかりでございます」

とおっしゃいました。

橘豊日尊は、太子のこのおことばを、お聞きになって、たいそうお喜びになりました。

これは、聖徳太子が、四歳の御時のことであったと申します。

十一　養老《ようろう》

村の人が、二人で話をしている。

村の人一「もみじが、きれいになりましたね」
村の人二「たきのあたりは、ずいぶんみごとでしょう」
村の人一「ときに、あなたは、あの感心な子どものうわさを、お聞きですか」
村の人二「ああ、あのいつも、たきぎをせおって歩く子どものことでしょう。毎日山へ行って働いて、帰りには、年取ったおとうさんのすきなものを、いろいろ買って来るということですね」
村の人一「そうです。その子です。その子について、このごろ、ふしぎな話があるのです」
村の人二「どういう話ですか」
村の人一「なんでも、その子が、山で酒の流れているところを、見つけたというのです」
村の人二「なるほど、それはふしぎな話ですね」
村の人一「きっと、子どもの孝心が、神様にとどいたのだろうと、みんながいっています」
村の人二「それにちがいありますまい」
村の人一「おや、うわさをすればかげとやら、向こうから、あの子がやって来ましたよ」

そこへ、たきぎをせおった子どもが、出て来る。

子ども　「こんにちは」
村の人二　「こんにちは」
村の人一　「よくせいが出ますね」
子ども　「いや、まだいっこう役にたちません」
村の人二　「おとうさんは、元気になられましたか」
子ども　「おかげさまで、どうやら、うちで仕事をしております」
村の人一　「それは何よりです。聞けば、あなたは、山で酒を見つけたということですが、ほんとうですか」
子ども　「はい、ほんとうでございます。この間、私が、山でたきぎを拾っていますと、つい、足がすべってころびました。起きようとすると、そのへんに、酒の香がいたします。ふしぎなことだと思って、あたりを見ますと、石の間から、水が流れ出ております。それが酒でございましたので、父のみやげに持って帰りました」
村の人一　「それは、めでたい話だ。あなたの孝行のせいですよ。まあ、おとうさんをだいじにしてておあげなさい」

子ども　「ありがとうございます。では、ごめんください」

子どもは、おじぎをして帰る。

村の人一　「感心な子どもですね」

村の人二　「ほんとうに」

二人の村の人は、子どもの後姿をじっと見ている。

そののち、この親孝行な子どもの話が、都にも伝わりました。おそれ多くも、時の天皇が、それをお聞きになって、わざわざ、そのところへお出ましになりました。そうして、子どもの孝行をおほめになって、年号を、「養老」とお改めになりました。

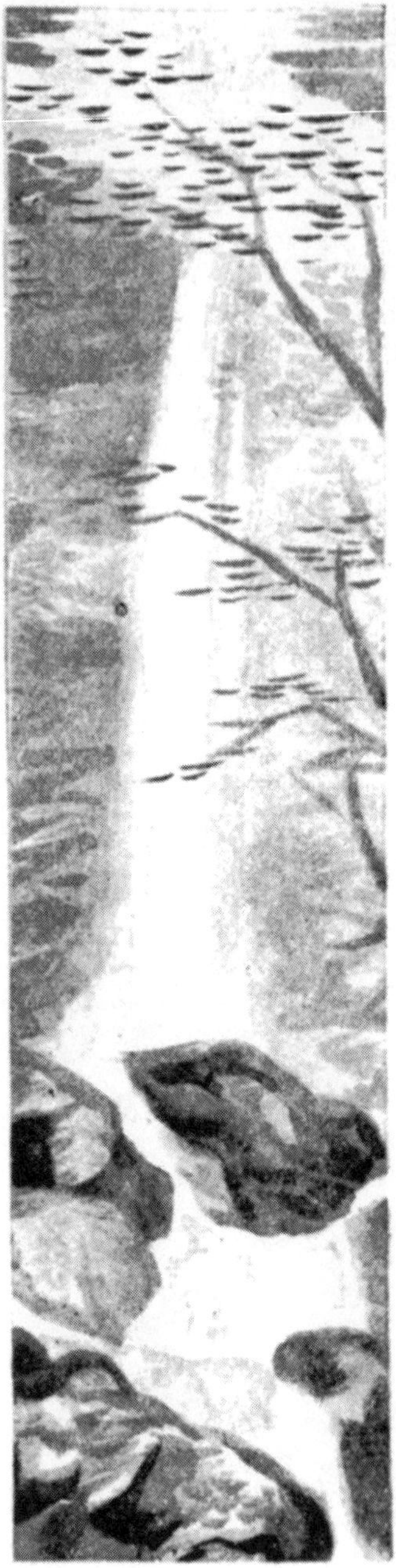

十二　ぼくの望遠鏡

机の引出しを、かたづけていると、いつか、おじいさんにいただいた、古いめがねの玉と、おとうさんに買っていただいた、小さな虫めがねが出て来た。

「これは、いいものが見つかった」と思いながら、ぼくは、この二つを、重ねたり、別々にしたりして、机の上を見たり、外のけしきを、のぞいたりしていた。

そのうちに、ふと、おもしろいことを発見した。

左の手に、めがねの玉を持って、目から遠くはなした。すると、向こうのけしきが、小さく、さかさまに見えた。そのさかさまに見えるけしきを、大きくして見ようと思って、右の手に虫めがねを持って、のぞいて見た。ぼくはおどろいた。どこかの屋根が、めがねの玉いっぱいにひろがって、つい、そこにあるように見えるではないか。それは、ここから百メートルもはなれている、向こうの家の屋根であった。

「おもしろい。これで、いつか、おとうさんのお話に聞いた望遠鏡が、できるかもしれない」こう思いつくと、ぼくは、もう、じっとしていられなくなった。

ぼくは、画用紙を取り出した。そうして、その一枚をぐるぐると巻いた。ちょうど、めがねの玉が、はまるくらいの大きさに巻いて、その一方のはしに、めがねの玉をはめた。きちんとはまった時、巻いた紙を、糸できりきりと巻いて、動かないようにした。これで、一本の筒《つつ》ができあがった。

次に、もう一枚の画用紙を、ぐるぐると巻いた。そうして、さっきの筒の中へ、ちょうど、するするとはいるくらいの大きさに作って、そのはしに、虫めがねをとりつけた。

こうしてできた二本の筒は、うまくはまり合って、長く延したり、ちぢめたりすることができる。

さあ、できたぞと思うと、うれしくてたまらない。うまく見えるか、どうか。外をのぞいて見た。長い物が、ぼんやり見える。二つの筒を、延したり、ちぢめたり、かげんしているうちに、はっきりした。電柱だ。針金が、六本あることまでわかる。

もっと下を見る。屋根だ。しょうじだ。おや、だれかが、しょうじの間から顔を出している。

ぼくは、もう、むちゅうだった。急いで、おかあさんのところへ行った。

「おかあさん、来てごらんなさい。早く早く」

おかあさんは、目をまるくして、

「何です。正男さん、大きな声をして」

「何でもいいから、来てください」

ぼくは、おかあさんを引っぱるようにして、つれて来た。そうして、ぼくの望遠鏡をのぞいてもらった。

「まあ、よく見えるね。でも、すっかりさかさまじゃないの」

「さかさまでも、よく見えるでしょう」

「なるほどね。向こうの家のせんたく物が見えます。あ、人がこっちを見ている。森の木がきれいですね」

しばらく見ていられたおかあさんは、おっしゃった。

「おまえはえらいね。だれに教えてもらったの」

ぼくは、とくいだった。

「だれにも教えてもらわないのです。ぼくが、考えて作ったのです」

十三　火事

日がくれてまもなく、けたたましく、半鐘《はんしょう》が鳴りだしました。

窓をあけて見ると、西の方の空が、まっかにそまっています。火事は、少しはなれた川向こうの町だと、すぐわかりました。おとうさんは、夜業をやめて、急いでしたくをして、家を出られました。おとうさんは、警防員なのです。

おとうさんを送り出してから、おかあさんは、

「火事は、おじさんのうちの方角だから、わたしは見まいに行きます。おとうさんは、消防の役目でお働きになるのだから」

といって、出て行かれました。

おじさんのうちの方角と聞いて、私は、恐しくなりました。おばあさんもしんぱいそうです。

家の前を、警防団の人たちが、ポンプを引いて、勢よくかけて行きました。遠く走るポンプ自動車のサイレンの音も聞えます。

向こうの空に、ぱっと火の粉があがったり、また、少し暗くなったりします。半鐘の音、サイレンの音、人の声などが入りまじって、遠くの方で聞えます。

「だいぶ大きいらしいぞ」

と、道を通る人が、話し合っていました。

火事は、なかなか消えそうに見えません。

「さよ子、おまえは、あした、学校があるのだから、しんぱいしないで、もうおやすみ」

と、おばあさんにいわれて、私は、ねどこの中へはいりましたが、火事が気になって、なかなか眠れませんでした。

朝、おかあさんに呼び起されて、目をさましますと、おじさんや、おばさんが、うちへ来ていられます。私はびっくりしました。ゆうべの火事で、おじさんのうちも、焼けたそうです。火もとからは、だいぶはなれていましたが、風しもになっていたので、一度運び出した荷物まで焼けてしまったのだそうです。

私は、

「おばさん、猫はどうしました」

と聞きました。おばさんは、

「どうしたかわかりません。荷物をかたづける時、どこにもいませんでした、何べんも呼んでみたけれど。焼け死んだのかも知れません」

「かわいそうに」

と、私はいいました。

やがて、おとうさんが、帰って来られました。

おとうさんは、おじさんやおばさんに、

「ほんとうにきのどくだったが、けがのないのが、まあ、何よりのしあわせだ。わたしは、消防にばかり働いていて、手伝いもできず、まことにすまなかった」

といわれました。すると、おじさんは、

「いや、手伝いは、ねえさんに十分してもらいました。それよりも、あの風に、四つつじで、火事を消しとめたのは、えらいてがらです。町のめぬきの場所が助ったのは、まったく警防団のかたがたのおかげです」

みんな、つかれきっていみます。平生は元気なおばさんが、今日は、いちばんしょんぼりとして、さびしそうに見えます。

「おばさん、これから、ずっと私のうちにいらっしゃいね」

といいますと、おばさんは、

「ああ、とうぶん、やっかいになりますよ」

といって涙をこぼされました。

あとで聞けば、この火事には、焼け死んだ人もあったそうです。そうして、こんな大火事の起ったのも、ある家の子どもが、マッチをすって、そのもえがらを捨てたのが、もとだということです。

「子どもの火あそびが、いちばんいけない。やめることだ、やめることだ」

おとうさんは、ひとりごとのように、こういわれました。

十四　軍旗

軍旗、軍旗、
天皇陛下の
みてずから、
　お授けくださる尊い軍旗、
　わが陸軍のしるしの軍旗。

軍旗、軍旗、
天皇陛下の
おことばを、
　心にきざんでみ国を守る、
　わが陸軍のいのちの軍旗。

軍旗、軍旗、
天皇陛下の

御前に、
　死ぬるかくごで敵地に進む、
　わが陸軍のひかりの軍旗。

軍旗、軍旗、
天皇陛下の
みいくさに、
　いつでも勝っててがらをたてる、
　わが陸軍のほまれの軍旗。

十五　いもん袋

寒い夜

外では、寒い風が吹いていています。
夕飯のあとで、火ばちにあたってみかんをたべながら、みんなで、戦地の兵隊さんの話をしました。

「めっきり寒くなって、兵隊さんたちも、さぞ、お困りだろう」

と、おじいさんがいわれました。

「兵隊さんに、このみかんをあげたいなあ」

といって、弟が、たべかけていたみかんを見せました。

「おかあさん、うち中で、いもん袋を作って送ってあげましょうよ」

と、私がいうと、

「それはいいね。では、これから、こしらえることにしましょう」

と、おかあさんがいわれました。

「さあ、どんな品物を送ってあげるかな。ひとつ、めいめいで考えてみよう」

と、おとうさんがいわれました。

私は、何にしようかと思っていると、弟は、自分の机の前へ行って、何かさがし始めました。

さっきから、せっせと、くつ下をあんでいたねえさんがいいました。

「おとうさん、このくつ下は、おとうさんのにと思って、あんでいたのですけれど、これを送ってはいけないでしょうか」

「いいとも、送ってあげ」

おかあさんは、

「別にこれといって、送ってあげるようなものもないが、うち中でついたかき餅と、あなたたちが手伝って作った干柿と、それに、栗もあるから、それを入れることにしましょう」

といわれました。

「ぼくは、これを入れよう」

そういいながら、弟が持って来た図画を見ますと、子どもが、手をあげてけい礼をしている絵でした。

そのそばに、

「ヘイタイサン、サムイデショウ。ゲンキデ、ハタライテクダサイ。シッケイ。タダシ」

と、クレヨンで書いてありました。

「あら、いやだ、しっけいなんて」

と、私がいいますと、

「いやいや、兵隊さんは、きっと喜ばれるだろう。なかなかいい思いつきだ」

と、おとうさんにほめられたので、弟はとくいになりました。

私は、私のだいすきな、かわいい人形と、いもん文を入れました。

兵隊さんからの手紙

ある日のこと、知らない兵隊さんから、手紙が来ました。急いであけて見ますと、いつか送ったいもん袋のお礼の手紙でした。

私は、それを、みんなの前で読みました。


支那の広い野原は、今、白い雪で一面におおわれています。川の水も、堅い氷の下で眠っています。外は、零下《れいか》二十度という寒さです。

午後の演習をすまして、兵舎へ帰って来ると、いもん袋が来ていました。私は、とびあがって喜びました。開いてみると、あなたのいもん文といっしょに、いろいろな品物が出て来ました。

「おい、かき餅が来たぞ。干柿もある。栗もある。みんな集れ」

と、私は思わず大声でいいました。友だちの兵隊は、「何だ、何だ」といいながら、まわりに、大勢集って来ました。

だんろの火で、かき餅を焼きました。

「久しぶりで、内地のにおいをかいだ」

「干柿はうまいなあ。郷土の味がする」

などといいながら、みんなで、おいしくいただきました。

ただしくんの図画は、ぼくたちの室のかべにはりました。その前に立って、「タダシクン、シッケイ」といったりします。あたたかい毛糸のくつ下を見て、みんなは、

「ぼくに、ちょっと、はかしてくれ」

「ぼくにも」

といって、かわるがわる、はきました。

あなたのお人形は、私のポケットにしまってあり

ます。戦争する時も、お人形さんは、私といっしょです。いろいろとありがとうございました。ときどき、おうちのことや、学校のことを知らせてください。私も、戦地のようすを知らせてあげましょう。みなさんに、よろしくお礼を申しあげてください。さようなら。

十六　雪合戦

雪が降った。あたりが明かるくなって、気がはればれとする。

学校へ行く時、雪の上を歩いて行った。ふり返って、足あとを見ると、くねくねと、曲ってついていた。向こうから、友田くんと小野くんがやって来た。

「おはよう」

「おはよう」

三人が、並んでまた雪の上を歩いたら、足あとも、並んでついた。学校の窓も、廊下《ろうか》も、雪で明かるい。

体操の時間になった。外に集るようにと、先生がいわれた。きっと、雪合戦をするのだろうといって、みんなは喜んだ。

「集れ」

先生の大きな声がする。みんなは、雪の上に集って並んだ。

「今日は、雪合戦をする。前列は赤、後列は白」

両方に分れて、それぞれ陣地についた。

「築城始め」

の号令で、両軍は、一生けんめい、雪のかたまりをこしらえては、それを積み重ねた。高さ一メートル半ばかりの山を作って、その上に、旗を立てるのである。山は、たちまちできあがった。先生は、両方の山の高さをはかられた。

みかたの城には、赤い旗がひるがえり、敵の城には、白い旗がなびいた。

友田くんも、小野くんも、今日は敵だ。にこにこしてこちらを見ている。

「たまを作れ」

みんなは、雪のたまを、いくつもいくつもこしらえた。やがて先生が、

「笛を鳴らしたら、たまを投げる。次に進めの号令を掛けたら、攻撃を始める」

といわれたので、みんなは、雪のたまをかかえた。

「ピリー」と、笛が鳴った。「わあ」といいながら、たまを投げ始めたが、とどかない。少しずつ前進する。ぼくは、友田くんをめがけて投げた。うまく頭のところへ飛んで行ったが、友田くんが、ひょいとしゃがんだので、それてしまった。友田くんも、ぼくをねらう。今度こそうまくあててやろうと、力いっぱい投げてやった。そこへ、どこからかたまが飛んで来て、ぼくの胸にあたった。「ようし」といいながら、たまをつかんだ時、「進め」の号令が掛った。

両軍は、「わあ」といって、かけて進んだ。敵の城の旗を取れば、勝つのだ。しかし、城を守っている隊もいるから、すぐには取れない。白い旗は、つい、目の前にひらひらしているが、手がとどかない。守る隊も、必死だ。ぼくが、山をのぼりかけると、両足をしっかりとつかまえて、引っぱる者がある。見ると、小野くんだ。ぼくがころぶと、二三人が、ばたばたと倒れかかって来た。やっと起きあがる。まだ、白い旗がひ

らひらしている。みかたはと思って、ちょっとふり返ると、赤い旗も、まだ立っている。

「今のうちだ」

と元気を出して、みかた三人が、しっかり腕を組んで進んだ。三人のうち、だれか一人が、雪の山にのぼって、旗を取るのだ。ぼくは、まっ先にのぼりかけた。むちゅうになってよじのぼった。とうとう、旗に手がとどいた。ぼくは、山の上に立ちあがって、その旗をふった。

「万歳」

と、みんなが、喜びの声をあげた。

笛が鳴ったので、両軍は、もとの位置に並んだ。先生はいわれた。

「今日は赤の勝ち。しかし、どちらもよく戦った。この次に雪が降ったら、またやることにする。わかれ」

どやどやと、みんなが、ぼくのところへ寄って来た。

「うまくやったなあ」

といって、ぼくの肩をたたく者がある。友田くんだ。

「今度は、ぼくが取ってみせるぞ」

と、小野くんがいう。

いつのまにか、空がくもって、雪がさかんに降りだして来た。

小野くんと、友田くんと、ぼくと、三人仲よく教室へ帰って行った。

十七　菅原道真《すがわらのみちざね》

天神様にまつられている菅原道真というかたは、生まれつき賢い人でありました。その上、小さい時から、よく勉強しましたので、のちには、すぐれた、りっぱな人になりました。学問では、道真の上へ出る人はないと思われていました。

ある時、都良香《みやこのよしか》という人の家で、弓の会がありました。若い人たちが、大勢その家に集って、かわるがわる、的をめがけて弓を引いているところへ、道真もやって来ました。すると、人々

は、

「あの人は学問はできるが、弓はどうだろう」

「さあ、どうだろうな」

「だめ、だめ。机の上の勉強ばかりで、腕は線香より細いんだ」

などと、小さな声で、ささやき合いました。

平生から、学問では、とてもかなわない道真を、今日はひとつ、弓でいじめてやろうと思ったのでしょう、一人の若い男が、つかつかと進み出て、

「どうです。あなたも、弓をおやりになりませんか」

といいながら、弓と矢を、道真につきつけました。

おそらく、しりごみするだろうと思われた道真は、その弓矢を静かに受け取り、前へ進んで、

きっと身がまえました。すると、今まで、やさしそうに見えた道真が、急にがっしりと二王様か何かのように、強そうに見えだしました。

あたりはしんとして、せき一つするものもありません。

「ひゅう」と、音高くつるからはなれた矢は、「ぽん」と的のまん中の星を、射抜いて立ちました。

道真は、つづいて、第二の矢を引きしぼりました。

これも、みごとに、ちょうど第一の矢とすれすれに並んで、まん中を射抜きました。

第三、第四、第五と、道真は、目にもとまらぬ手早さで、矢をつがえ、矢を放ちました。的をはずれる矢は、一本もありませんでした。

みんなは、ただ、よったようになって、大きなため息をつくばかりでありました。

十八　梅

「あ、梅だ。
梅が咲いている」と、
　勇さんがいいました。
「まあ、うれしい。
春が来たのね」と、
　花子さんがいいました。
「まだ、寒いのに
感心な花だこと」と、
　ゆり子さんがいいました。
「花もきれいだけれど、
においがいいのね」と、

春枝さんがいいました。

「梅は、花よりも
においが咲くのです」と、
正男さんがいいました。

みんなは、
正男さんのいったことが、
おもしろいと思いました。

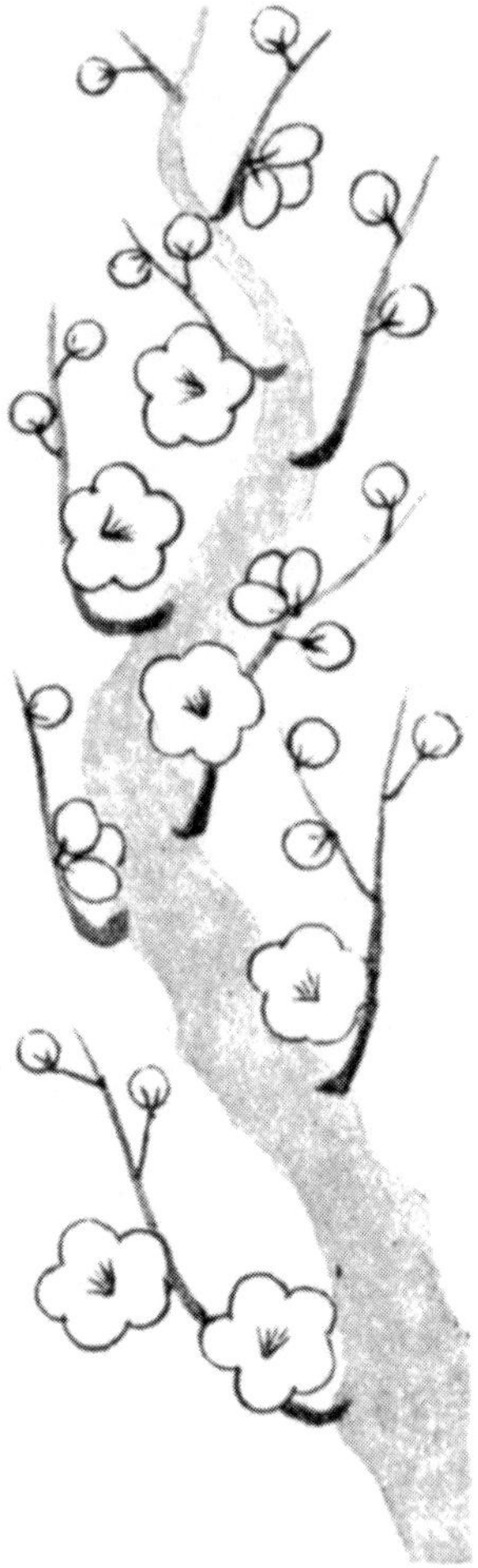

十九　小さな温床

「春子、チューリップが咲いたよ。来てごらん」

と、にいさんが、外から窓ごしにいったので、私は、急いで庭へ出ました。

いつか、にいさんが作った小さな温床に、今日も、おだやかな冬の日が、いっぱいにさしこんでいます。見ると、まん中の鉢に、美しいチューリップの花が一つ、にっこり笑ったように咲いています。

「まあ、きれいね」

と、私は思わずいいました。ふっくらとした花びらがだきあって、まだ十分咲ききらない花は、ちょうど、おひな様のぼんぼりのようなかっこうです。下の方は白で、花の口もとのところに、こい紅《べに》をさしています。ほんとうに、手に取って、さわってみたいような気がします。

すみれも、一週間ばかり前から咲きだしました。それこそ、ほんとうのすみれ色をした花が、暖い日を受けて、びろうどのように、つやつやしています。すいせんの花が四つ、かわいらしいさくらそうや、ひなぎくも、咲いています。きゅうりの芽生えも、目だって大きくなりました。

たった一メートル四方ぐらいの広さですが、ここばかりは、寒い冬も知らないように、みどりの葉が生き生きして、赤や、白や、むらさきの花が、美しく咲いています。

「わたしのお人形さんを、ここへ入れてやりたいなあ」

と、ひとりごとのように、私はいいました。

「どうして」

「中は暖い春ですもの」

にいさんは笑って、

「お人形さんが、汗をかくだろう。このガラスのふたをすると、少しすかしておいても、日中は、二十四五度ぐらいになるから、春というよりは夏だよ」

「でも、夜は寒いでしょうね」

「地の下には、枯れた葉などが入れてあるから、夜もぽかぽか暖いよ」

と、にいさんはいいました。

二十　雪舟

雪舟が、子どもの時の話です。

お寺の小僧になってまもないころ、ある日、和尚《おしょう》さんにたいそうしかられました。

「おまえは、また絵をかいているのか。いくらいっても、絵ばかりかいて、ちっともお経をおぼえない。おまえは、口でいって聞かせるだけでは、だめだ」

こういいながら、和尚さんは、雪舟を引っぱって、本堂へ行きました。

ぶるぶる、ふるえていた雪舟は、大きな柱にくくりつけられました。

初めは、ただ恐しさでいっぱいでしたが、さびしい本堂の柱にくくりつけられて、じっとしている間に、雪舟は、いろいろと考えつづけました。

「いつも、お経を読もうと思うのだけれど、机に向かうと、つい、絵がかきたくてたまらなくなる。あすからは、きっと、一生けんめいにお経を習おう。わたしが、ここで、こんなにしかられていようなどとは、おとうさんも、おかあさんも、ゆめにもお知りにならないだろう」

こんなことを考えていると、雪舟は、何だか悲しくなって、とうとう、しくしく泣きだしました。

涙が、とめどなくこぼれました。ぽたり、ぽたりと落ちて、本堂の板の間をぬらしました。

少し泣きつかれて、ぼんやり、足もとを見ていた雪舟は、何気なく、足の親指で、板の間に落ちた涙をいじってみました。

すると、今まで悲しそうだった雪舟の顔は、急に明かるくなって来ました。雪舟は、足の親指を使いながら、涙で、板の間に絵をかき始めたのでした。

自分の部屋へ帰っていた和尚さんは、しばらくすると、雪舟がかわいそうになりました。もう許してやろうと思って、また本堂へ行きました。

夕方に近い本堂は、少し暗くなっていました。和尚さんは、どんなに、さびしかったろうと思って、急いで行って見ると、びっくりしました。大きなねずみが一匹、雪舟の足もとにいて、今にもとびつきそうなようすです。かまれては、かわいそうだと思って、和尚さんは、「しっ、しっ」と追いましたが、ふしぎに、ねずみは、じっとして動きません。近づいて見ると、それは、生きたねずみではありませんでした。雪舟が、板の間に、涙でかいたねずみでした。

和尚さんはおどろきました。急いでなわを解いてやりながら、

「わたしがわるかった。おまえは、絵かきになるがよい。これほど、おまえが上手だとは、今まで知らなかった」

といいました。雪舟は、にっこりしました。

そののち、雪舟は、一心に絵を習いました。学問もしました。

雪舟は、とうとう、日本一の絵かきになりました。

二十一　三勇士

「ダーン、ダーン」

ものすごい大砲の音とともに、あたりの土が、高くはねあがります。機関銃の弾が、雨あられのように飛んで来ます。

昭和七年二月二十二日の午前五時、廟巷《びょうこう》の敵前、わずか五十メートルという地点です。今、わが工兵は、三人ずつ組になって、長い破壊筒《はかいとう》をかかえながら、敵の陣地を、にらんでいます。

見れば、敵の陣地には、ぎっしりと、鉄条網が張りめぐらされています。この鉄条網に破壊筒を投げこんで、わが歩兵のために、突撃の道を作ろうというのです。しかもその突撃まで、時間は、あと三十分というせっぱつまった場合でありました。

工兵は、今か今かと、命令のくだるのを待っています。しかし、この時とばかり撃ち出す敵の弾には、ほとんど、顔を向けることができません。すると、わが歩兵も、さかんに機関銃を撃ち出しました。そうして、敵前一面に、もうもうと、煙幕を張りました。

「前進」

の命令がくだりました。待ちに待った第一班の工兵は、勇んで鉄条網へ突進しました。

十メートル進みました。二十メートル進みました。あと十四五メートルで鉄条網という時、頼みにする煙幕が、だんだんうすくなって来ました。

一人倒れ、二人倒れ、三人、四人、五人と、次々に倒れて行きます。第一班は、残念にも、とうとう成功しないで終りました。

第二班に、命令がくだりました。

敵の弾は、ますますはげしく、突撃の時間は、いよいよせまって来ました。今となっては、破壊筒を持って行って、鉄条網にさし入れてから、火をつけるといったやり方では、とてもまにあいません。そこで班長は、まず破壊筒の火なわに、火をつけることを命じました。

作江《さくえ》伊《い》之助《のすけ》、江下武《たけ》二《じ》、北川丞《じょう》、三人の工兵は、火をつけた破壊筒をしっかりとかかえ、鉄条網めがけて突進しました。

北川が先頭に立ち、江下、作江が、これにつづいて走っています。

すると、どうしたはずみか、北川が、はたと倒れました。つづく二人も、それにつれてよろめきましたが、二人は、ぐっとふみこたえました。もちろん、三人のうち、だれ一人、破壊筒

をはなしたものはありません。ただその間にも、無心の火は、火なわを伝わって、ずんずんもえて行きました。

北川は、決死の勇気をふるって、すっくと立ちあがりました。江下、作江は、北川をはげますように、破壊筒に力を入れて、進めとばかり、あとから押して行きました。

三人の心は、持った一本の破壊筒を通じて、一つになっていました。しかも、数秒ののちには、その破壊筒が、恐しい勢で爆発するのです。

もう、死も生もありませんでした。三人は、一つの爆弾となって、まっしぐらに突進しました。

めざす鉄条網に、破壊筒を投げこみました。爆音は、天をゆすり地をゆすって、ものすごくとどろき渡りました。

すかさず、わが歩兵の一隊は、突撃に移りました。

班長も、部下を指図しながら進みました。そこに、作江が倒れていました。

「作江、よくやったな。いい残すことはないか」

作江は答えました。

「何もありません。成功しましたか」

班長は、撃ち破られた鉄条網の方へ、作江を向かせながら、

「そら、大隊は、おまえたちの破ったところから、突撃して行っているぞ」

とさけびました。

「天皇陛下万歳」

作江はこういって、静かに目をつぶりました。

二十二　春の雨

もえて明かるい若草に、
しとしと、細い雨が降る。
雨はこぬかか、糸のよう。

ここは川ばた、やなぎの芽、

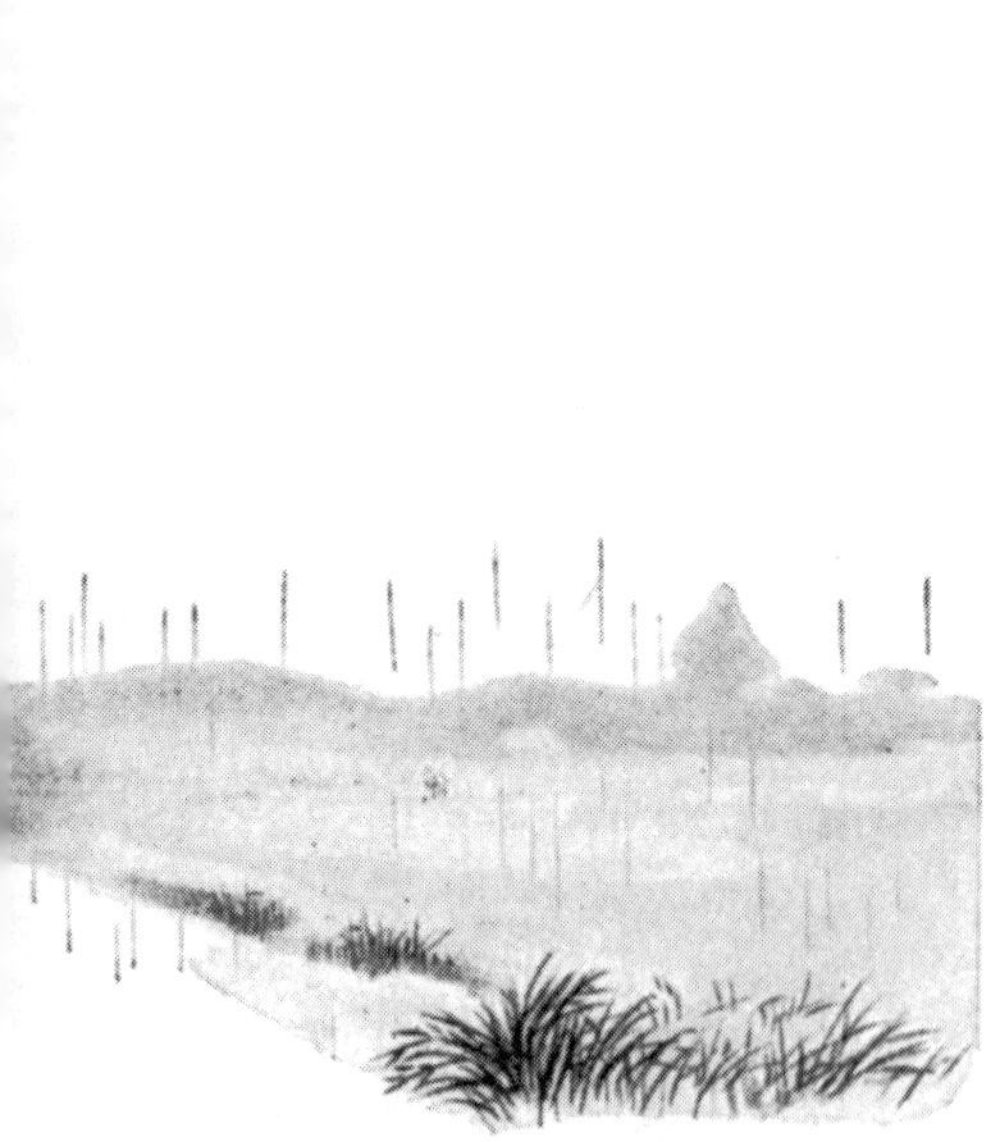

ぬれて、しずくが落ちるたび、
ひろがる波のわがまるい。

春は春でも、まだはじめ、
村から町へゆるやかに、
少しにごって行く水よ。

卵のからを浮かべたり、
わらの切れはし浮かべたり、
えびやめだかも、泳がせて。

二十三　大りょう

ぼくらは、はしけに乗って、ぐんぐん沖へ出ました。
おだやかな海です。文治と、へさきにすわって、船があがると、からだを浮かすように、船

がさがると、からだを沈めるようにしていました。

「にいさん、はま屋の船だよ」

文治が指さしたので、見ると、船が一そう走っています。屋号を染めぬいた小旗も見えます。子どもが、船のまん中にいます。

「あれは、きっとはま屋の正治くんだよ。正治くん、正治くん」

と大声に呼びながら、文治が立ちあがりかけると、ともにいた船方が、

「あぶない」

といいました。

あとをふり返ると、もう矢島の岬《みさき》も見えません。目のとどくかぎりはまっさおな水です。

やがて網場へ来ました。何十そうという船が、今、思い思いに網を張っているところです。白波を立てながら、行ったり来たりして、まるで戦場のようです。ぼくらの網船は、もう網をたぐり始めました。

「さあ、のう」

と、一人がおんどを取ると、大勢の船方が、みんなこれに合わせて、

「やっさ、やっさ」

と網をたぐります。だれもかれも、日に焼けたからだから、玉の汗を流しています。

網が、せばまって来た時、網船は、ぼくらの乗っている船を呼びました。

網船二そうの間へ、まっすぐに乗り入れました。大きなたもで、網から、いわしをどんどんぼくらの船へあげます。見るまに、船の中には、いわしの山が築かれます。いわしの重みで、船がぐっと傾くほどです。

ぼくらの船は、左右の網船から、竿で押されながら、しだいに網の外へ出ます。出ると、機械をいっぱいに掛けて、もとの海岸へ急ぎました。

いつのまに立てたのか、へさきには、大りょうを知らせるまっかな吹流しが二本、威勢よく風にひるがえっていました。

二十四　東京

今日、東京という映画を見せてもらいました。

初めに、広い野原がうつりました。ところどころに林があって、どこかで、小鳥の鳴く声がしていました。

「ここは、むさし野です。東京の近くには、こうした静かな野原が、ひろがっています」

という説明の声がしました。

むさし野が、うすくなって消えると、船の汽笛が「ボー」とひびきました。そうして、大きな貨物船が、目の前にあらわれました。汽船から、たくさんの荷物がおろされます。

「あれは、台湾《たいわん》からのバナナです」

水の流れが見えて、隅田《すみだ》川のけしきになりました。川をさかのぼって行くと、りっぱな橋が、次から次へとかかっていました。橋の下をくぐって通る時、「ゴー」という電車のひびきがして、写真がかわりました。

たくさんのレールが光って、何台もつづいた大きな電車が来る、汽車が来る。

「東京、東京」

と呼ぶ声がして来ました。

東京駅の前にある大きな建物が、じゅんじゅんにあらわれ、馬場先門の広場があらわれました。

正面に、松の木が茂っていて、白いやぐらが見えました。私は、すぐ宮城だということがわかりました。

二重橋がうつりました。

目の前におがむ二重橋、

けだかい、美しい二重橋。

二年生の時に習った詩が、思い出されま

した。「君が代」の音楽が始りました。私たちは、きちんとすわりなおして、おじぎをしました。

　ときわ木の茂った清らかな道がうつりました。

「ここは、明治神宮の参道です」

　お参りの人が、たくさん通ります。その中に、子どももまじっていました。あの子どもたちのように、お参りしたいものだと思いました。

　さくらの花が、いっぱいに咲いているところがあらわれました。風が吹いているらしく、さくらの枝がゆれています。花と花との間から、大きな鳥居が見えました。それから、ま正面に、靖国《やすくに》神社がうつりました。「海ゆかば」の音楽が、おごそかにひびき始めました。菊の御紋のついたまん幕が、風にゆれていました。

　たくさんの菊の鉢が並んでいます。目のさめるような菊の花です。日比谷《ひびや》公園の菊のてんらん会でした。

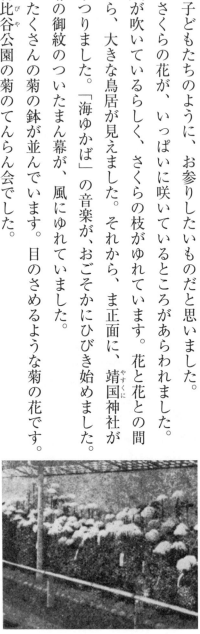

ふんすいが、勢よくあがっています。その後に、りっぱな建物があらわれました。

「これは、上野の帝室博物館です」

大きな木が立っていて、その根もとに、金網の張ってある池が出ました。水鳥が、たくさん泳いでいました。猿《さる》が、上手にぶらんこをしていました。白熊《しろくま》が、頭をふっていました。きりんが、せいのびをしたようなかっこうをしていました。ライオンが、大きな声を出しました。

「ここは、みなさんに喜ばれる上野の動物園です」

象《ぞう》が、のそりのそりと歩いています。虎《とら》が、じっとこちらを向いてすわっています。

鳩《はと》が、何十羽となく集って来て、えさを拾っているところが出ました。小さな女の子が、豆をまいてやりました。「ゴーン」と、かねがひびいて、浅草の大きなお寺があらわれました。

　にぎやかな銀座《ぎんざ》通が、うつりました。両側には店が並んでいて、人が、すれあうほどたくさん歩いています。電車や、自動車が、ひっきりなしに通ります。やなぎの並木が、にぎやかな通をきれいにかざっていました。

　にわかに、笛とたいこの音がひびいて来て、ずらりと並んだお祭のちょうちんが、うつりました。「わっしょい、わっしょい」という元気な子どもの声がして、みこしをかついだ子どもたちが、もみあいもみあい出て来ました。

　そのにぎやかな元気な声が、急にかわって、「ザー」という機械の動く音になりました。印刷《いんさつ》の工場です。山のように積まれた紙が、

機械の間を流れるうちに、字がすられ、絵がすられ、たちまち本になって出て来ます。

次から次へ、大勢の生徒さんたちが、足並みをそろえて行進して来ます。それが美しいわになったかと思うと、体操をしたり、ゆうぎをしたりします。

「これは、明治神宮の競技場です」

空には、白い雲がぽっかり浮かんで、日の丸の旗がひるがえっています。

勇ましい音楽が始りました。大勢の人が、並んで演奏しています。

「今、音楽を放送しているところです」

放送局のアンテナが、空高くうつりました。よく晴れた空を、鳥がむらがって飛んでいましたが、今度は、遠い空から

飛行機がやって来て、やがて着陸しました。

「ここは、空のげんかん東京飛行場です」

今、飛び出そうとする飛行機に、乗客が乗ってしまうと、いきなり爆音がして、みるみる、鳥のように小さくなります。

ここで、いちばん初めに出たむさし野がまたうつりました。ずっと野原の向こうに、富士山が光って見えます。

「夕やけ小やけ、
あした天気になあれ」

こんな子どもの歌が、聞えて来ました。

そのうちに、空も消え、野原も消え、みんな消えてしまいました。

初等科国語　三

一　朝の海べ

朝の潮風あびながら、
弟と二人、海べをかける。
しめった砂をけりながら、
波うちぎわを、どんどんかける。

明かるい海だ、どこまでも。
地平線は銀色で、
空と海とがとけあって、
明かるい海だ、どこまでも。

ぼくらは石を投げてみた、
「一二の三」で投げてみた。
弟の石が海に落ち、
つづいてぼくのが海に落ち。

かもめが五六羽とんで来て、
波にゆられて浮かんでる。
水にもぐってひょいと出て、
ひょいと浮かんでまたもぐる。

風に向かってぼくたちは、
両手をあげて息を吸う。
朝の海べはもう春で、
みんな楽しい、新しい。

二　潮干狩

海岸は、一面に潮が引いていて、もう大勢の人たちが、潮干狩をしていました。
先生は、私たち四年生の人員をお調べになってから、次のようにおっしゃいました。

「これから潮干狩をするのですが、いつものように、四人ずつ一組になって、仲よく貝をお取りなさい。そうして、海には、どんな生きものがいるかを、よく気をつけて見るようになさい」

勇さんと、正男さんと、花子さんと、私と、四人が一組になって、ほり始めました。小さな熊手《くまで》で砂をかくと、かちりとさわるものがあります。三センチぐらいのあさりは、こんな浅いところに、もぐっているのかなと思いながら、むちゅうになってほって行きました。おもしろいほど、たくさん出て来ました。

ほったあとに水がしみ出て、まわりの砂が、少しずつくずれて行くので、手ですくって、かい出しました。すると、小石のようなものが、手にさわりました。砂を払ってよく見ると、大きなはまぐりでした。はまぐりは、あさりよりも、少し深いところにいることがわかりました。

「おや、こんな貝が出た」

と、正男さんが、六七センチもある細長い貝を、みんなの前へ出しました。みんなは、

「何という貝だろう」

といって、いろいろ、貝の名前を思い出してみましたが、だれにもわかりません。

「先生に聞きに行きましょう」

と、花子さんは、その貝を持って、先生のところへ走って行きました。先生は、

「これは、いいものを見つけましたね。まてがいという貝ですよ。持って帰って、みんなで標本を作ってごらんなさい」

とおっしゃいました。

私たちは、波うちぎわを、ぱちゃぱちゃ歩きながら、子牛がねているような岩の方へ行きました。

ひやりと、足にさわるものがありました。拾って見ると、ぬらぬらした、花色な海藻《かいそう》でした。はばの広いひものような形をしています。

「おや、春枝さんは、わかめを拾いましたね」

と、花子さんがいいました。私は、これがあの、おわんの中に浮いているわかめかと思いました。

「ぼく、こんなおもしろいものを見つけたよ」

とうれしそうに笑いながら、勇さんが走って来ました。手には、葉の根もとにまるい玉のような袋のついている、茶色な海藻を持っていました。

「おい、きみたち、このまるい玉を、みんなで持ちたまえ。いいかい。さあ、指で勢よくつぶすのだよ」

と、勇さんがいったので、私たちは、みんな指先に力を入れました。「パチン」と音がして、まるい玉がはじけました。

「おもしろいなあ。もう一ぺんやろう」

と、みんなで、「パチン、パチン」とつぶしました。

　先生がごらんになって、

「おもしろいことをしていますね。その海藻は、何だか知っていますか」

とおたずねになりましたが、だれも知りません。

「ほんだわらというものです。こんぶといっしょに、お正月のおかざりにするでしょう」

と、先生がおっしゃいました。

私たちは、先生といっしょに、岩のそばへ行きました。岩の間のすきとおった水の中で、きれいな、六七センチばかりの魚が、からだをくねらせて、岩に生えた海藻の間を上手に泳いでいました。べらという魚だそうです。

何とかしてべらを取りたいと思いました。先生にお願いしますと、先生は、たもで勢よく、さっとおすくいになりました。べらが、たもの中でぴちぴちとはねました。

海岸で、昼のおべんとうをたべました。

そのころから、潮がだんだんさして来て、私たちの帰る時には、あのあさりをほったところも、海藻を拾った波うちぎわも、もうすっかり、海の水でかくされていました。

三　日本武尊《やまとたけるのみこと》

川上《かわかみ》たける

熊襲《くまそ》のかしら川上たけるは、力のあるにまかせて、四方に勢を張り、のちには朝廷の仰せにも従いませんでした。

「西の国で、自分より強い者はない」と思うと、たけるは、だんだん増長して来ました。「ひとつ、りっぱな宮殿を建て、たくさんの兵士に守らせて、大いにいばってやろう」と考えました。

いよいよ、家もできあがったので、ある日、お祝いをすることになりました。

その日は、朝から、大勢の人が出はいりしました。手下の者はいうまでもなく、手伝いのために、たくさんの男や女が集って来ました。

そのうちに、一人の美しい少女がまじって、かいがいしく働いていました。酒もりが始ると、この少女も座敷へ出て、酒をついでまわりました。

だんだん夜がふけて来ました。客も、しだいに帰って行きました。たけるは、もうねようというので、酒によってよろよろしながら、奥の間へ行こうとしました。

この時でした。今まで、やさしくお給仕をしていた少女は、すっくと立ちあがって、

「たける、待て」

というが早いか、ふところにかくしていた剣を抜いて、たけるの胸を突きました。

「あっ」とさけんで、たけるは倒れました。ふり返ると、少女は、いかにも尊いいげんに満ちて、立っております。たけるは、思わずぶるぶると身ぶるいをして、

「お待ちください。これほどに強いあなたは、ただの人ではない。いったい、どういうお方ですか」

と、苦しい息の下からたずねました。

「自分は女ではない。天皇の御子、やまとおぐな。汝、おそれ多くも、朝廷の仰せに従いまつらぬによって、汝を討てとの勅をこうむり、ここへ来たのである」

「なるほど、そういうお方でいらっしゃいました

か。西の国では、私より強い者はないので、たけると申しておりました。失礼ながら、ただ今、お名をさしあげましょう。日本でいちばんお強いあなたは、日本武皇子《やまとたけるのみこ》と仰せられますように」

といい終って、たけるは息が絶えました。

景行《けいこう》天皇の御子、やまとおぐなの皇子《みこ》は、御年十六、こうしてただお一人で、熊襲をおほろぼしになりました。そうして、これからのち、日本武尊と申しあげることになりました。

草薙剣《くさなぎのつるぎ》

熊襲を討って、都へお帰りになった日本武尊は、そののち、東の国のわる者を平げよという勅をお受けになりました。尊は、わずかの供人をつれて御出発になりました。

途中、まず伊勢《いせ》の皇大神宮に参って、御武運をお祈りになりました。皇大神宮に仕えておいでになった、尊の御おば倭姫命《やまとひめのみこと》は、尊が二度の大任をお受けになったのを、勇ましくも、また、いたわしくお思いになったのでしょう、特に、大切な天叢雲剣《あめのむらくものつるぎ》を尊にお授けになりました。また、一つの小さな袋をお渡しになって、

「もしものことがあったら、忘れずに、この袋の口をおあけなさい」

とおっしゃいました。

尊は、東へ東へと進んで、駿河《するが》の国にお着きになりました。この国にいたわる者のかしらは、かねて、尊の御武勇を聞き伝えて知っていましたので、一通りではとても勝てない、だまし討ちにするほかはないと思いました。

そこで、尊をうやうやしく迎えて、いろいろおもてなしをしながら申しました。

「この国の野原には、大きな鹿《しか》がたくさんおります。おなぐさみに、狩をなさってはいかがでございます」

尊は、「それはおもしろかろう」とおっしゃって、野原へお出になりました。身の丈にもあまる草を分けて、だんだん奥へはいっていらっしゃいました。すると、かねてから、この野原をかこんで待ちかまえていたわる者どもは、一度に草に火をつけました。火は、ものすごい勢でもえて来ます。

「さては、だましたのか」

と、尊はしばらく考えていらっしゃいましたが、ふと御心に浮かんだのは、御おば倭姫命のおことばです。急いで袋の口をおあけになると、中に火打石がありました。

尊は、すぐに、おさとりになりました。天叢雲剣を抜いて、手早くあたりの草をなぎ払い、火打石で火をきって、その草におつけになりました。すると、ふしぎにも、今までもえせまって来た火は、急に方向をかえて、向こうへ向こうへと、もえ移って行きました。

あわてたのは、わる者どもです。火に追われて、逃げようとするまもなく、かたはしから焼きたてられ、焼き殺されてしまいました。

あやうい御いのちをお助りになった尊は、生き残ったわる者どもを平げて、なおも東へお進みになりました。

この時から、この御剣を、草薙剣と申しあげることになりました。熱田《あつた》神宮におまつりしてあるのが、この御剣であります。

四　君が代少年

昭和十年四月二十一日の朝、台湾《たいわん》で大きな地震がありました。

公学校の三年生であった徳坤《とくこん》という少年は、けさも目がさめると、顔を洗ってから、うやうやしく神だなに向かって、拝礼をしました。神だなには、皇大神宮の大麻がおまつりしてあるのです。

それから、まもなく朝の御飯になるので、少年は、その時外へ出ていた父を呼びに行きました。

家を出て少し行った時、「ゴー」と恐しい音がして、地面も、まわりの家も、ぐらぐらと動きました。「地震だ」と、少年は思いました。そのとたん、少年のからだの上へ、そばの建物の土角《どかく》がくずれて来ました。土角というのは、粘土《ねんど》を固めて作った煉瓦《れんが》のようなものです。

父や、近所の人たちがかけつけた時、少年は、頭と足に大けがをして、道ばたに倒れていました。それでも父の姿を見ると、少年は、自分の苦しいことは一口もいわないで、

「おかあさんは、大丈夫でしょうね」

といいました。

少年の傷は思ったよりも重く、その日の午後、かりに作られた治療所《ちりょうじょ》で手術を受けました。

このつらい手当の最中にも、少年は、決して台湾語を口に出しませんでした。日本人は国語を使うものだと、学校で教えられてから、徳坤は、どんなに不自由でも、国語を使い通して来たのです。

徳坤は、しきりに学校のことをいいました。先生の名を呼びました。また、友だちの名を呼びました。先生ちょうどそのころ、学校には、何百人というけが人が運ばれて、先生たちは、目がまわるほどいそがしかったのですが、徳坤が重いけがをしたと聞かれて、代りあって見まいに来られました。

徳坤は、涙を流して喜びました。

「先生、ぼく、早くなおって、学校へ行きたいのです」

と、徳坤はいいました。

「そうだ。早く元気になって、学校へ出るのですよ」

と、先生もはげますようにいわれましたが、しかし、この重い傷ではどうなるであろうかと、先生は、徳坤がかわいそうでたまりませんでした。

少年は、あくる日の昼ごろ、父と、母と、受持の先生にまもられて、遠くの町にある医院《いいん》へ送られて行きました。

その夜、つかれて、うとうとしていた徳坤が、夜明近くなって、ぱっちりと目をあけました。そうして、そばにいた父に、

「おとうさん、先生はいらっしゃらないの。もう一度、先生におあいしたいなあ」

といいました。これっきり、自分は、遠いところへ行くのだと感じたのかも知れません。

それからしばらくして、少年はいいました。

「おとうさん、ぼく、君が代を歌います」

少年は、ちょっと目をつぶって、何か考えているようでしたが、やがて息を深く吸って、静かに歌いだしました。

きみがよは
ちよに
やちよに

徳坤が心をこめて歌う声は、同じ病室にいる人たちの心に、しみこむように聞えました。

さざれ
いしの

小さいながら、はっきりと歌はつづいて行きます。あちこちに、すすり泣きの声が起りました。

いわおとなりて
こけの
むすまで

終りに近くなると、声はだんだん細くなりました。でも、最後まで、りっぱに歌い通しました。君が代を歌い終った徳坤は、その朝、父と、母と、人々の涙にみまもられながら、やすらかに長い眠りにつきました。

五　靖国《やすくに》神社

春は九段のお社に、
桜が咲いておりました。

日本一の大鳥居、
かねの鳥居がありました。

とびらは金の御紋章、
御門を通って行きました。

かしわ手うてばこうこうと、
心の底までひびきます。

桜の花の遺族章、
女の人も見えました。

遊就館《ゆうしゅうかん》の入口に、
人が並んでおりました。

六　光明《こうみょう》皇后

聖武《しょうむ》天皇の皇后を、光明皇后と申しあげます。

そのころ、都は奈良《なら》にありました。野も、山も、木立も、みどりにかがやく奈良の都には、赤くぬった宮殿や、お寺のお堂が、あちらこちらに見えていました。その中に、光明皇后のお建てになった、せやく院という病院が立っていました。

せやく院には、大勢の病人がおしかけて、病気をみてもらったり、薬をいただいたりしていました。

「この子は、ひどい目の病で、ものが見えなくなりはしな

いかと心配しましたが、毎日、こうして薬をいただいているおかげで、たいそうよくなりました」

と、うれしそうにいう母親もありました。

「私は、おなかの病気で、長い間寝ていましたが、このごろは、おかげでだいぶよくなりました。これも、みんな皇后様のお恵みでございます」

と涙をこぼして、ありがたがるおばあさんもありました。

光明皇后は、ときどき、この病院へおいでになって、病人たちをお見まいになりました。やさしいおことばを、たまわることさえありました。

このように、しんせつにしていただくので、どんな重い病気でも、きっとなおるといううわさが、いつのまにか日本中にひろがりました。

光明皇后は、手足の痛む病人や、傷の痛みがなおらないような者のために、薬の風呂《ふろ》を作っておやりになりました。この風呂には、いつもあたたかい薬の湯が、あふれていました。

「皇后様が、御自分で、病人のせわをなさるということだが、ほんとうだろうか」

「こんなにしんせつにしていただいていれば、皇后様におせわをしていただくのと、同じことではないか」

「まったくその通りだ。うわさに聞けば、皇后様は、千人の病人のせわをなさるという大願を、お立てになったそうだ。ほんとうに、もったいないことだ」

このような話をしながら、薬の風呂にはいる病人が、いつも絶えませんでした。

光明皇后は、この薬の風呂へもおいでになって、一人一人をおせわなさいました。そうして、千人めの病人のおせわをなさった時、急に病人のからだから光がさし出て、あたりが金色にかがやき渡ったということです。

七　苗代のころ

春の少し暖い晩、「くく、くく」と、蛙の鳴く声がします。そのころから、昼間は、広いたんぼの一部で、もう苗代の仕事が始ります。黒い牛が、ゆっくりと引いて行くからすきのあとには、ほり返された新しい土が、暖い日光に照らされます。

土がほり返され、くれ打ちがすむと、田に水がなみなみと張られます。今度は、牛がまぐわを引いて、泥水の中を、行ったり来たりします。こうして、田の土は、だんだんこまかく耕されて行きます。

夜、遠くの田で鳴く蛙の声が、「ころころ、ころころ」と、にぎやかに聞え始めます。

種まきがすんで十日あまりたったころ、浅い水の上に、二センチか三センチぐらいの、若々しいみどりの苗が出そろって行くのは、見ただけでも気持のよいものです。ちょうど、たんざく形のみどりの敷物を、きちんと間を置いて、敷き並べたようです。

苗が、二十センチぐらいにのびて、葉先が、朝風にかるくゆれるようになると、広いたんぼは、しだいににぎやかになります。そろそろ、汗ばむくらい暑い日ざしを受けて、男も、女も、牛も、泥田の中で働きます。ここの田も、あそこの田も、ほり返した土のかたまりの間には、もうひたひたと、水がたたえられています。

蛙のすみかが、こうして、たんぼいっぱいにひろがるのです。昼間は、働く人や、牛にえんりょをするように、声をひそめていますが、夕方から夜になると、さも自分たちの世界だというようように、さわぎたてます。家の前も、後も、横も、まるで夕立の降るように、蛙の声でいっぱいです。静かだというい なかの夜も、このころは、雨戸をしめてから、始めてほっとするほどです。
もうまもなく、田植が始まります。

八　地鎮祭《じちん》

私たちの学校では、新しい講堂が立つことになりました。今日は、その地鎮祭がありました。講堂は、東側の教室の後に立ちます。午前十時に、四年以上の生徒が、そこに集合しました。校長先生が、地鎮祭というのは、新しく家が立つ土地の神様に申しあげて、その家を、いつまでも守っていただくように、お祭をするだいじな儀式だと、お話なさいました。

敷地の中ほどに、せいの高い竹が四本立ててあって、それにしめなわが張ってありました。そこへ神主さんが、三人お見えになりました。三人ともまっ白な着物を着て、えぼしをかぶって、しゃくを持って、木のくつをはいていられました。

「気をつけ」

と、山田先生が号令を掛けられると、校長先生が、

「今から、地鎮祭が始ります」

といわれました。

神主さんは、大麻をふって、みんなのおはらいをしてくださいました。それから、「オー」と声を高くあげて、神様のおいでになる先払いをなさいました。

次に、お供えものをいろいろと、白木の机の上に運ばれました。お米や、お酒や、お餅や、魚・大根・にんじん、おしまいに、いちご・バナナなどを、それぞれ三方にのせて供えられました。

明かるい日光をあびて、祭壇《さいだん》が、美しく、にぎやかに見えました。

神主さんが、のりとを読まれました。私たちに、その意味はよくわかりませんが、おちついた声で、うやうやしく読まれました。

それから、地面のおはらいをして、うがちぞめがありました。うがちぞめというのは、鍬で土をほる儀式であります。

校長先生が、先生がたを代表して、玉ぐしをあげて拝まれました。次に、高等科の人が、全校の生徒を代表して玉ぐしをあげて拝みました。

終りに、お供えしたものをみんなさげてから、神様のお帰りになる先払いがとなえられました。

「休め」

山田先生の声がしました。三人の神主さんが、静かに、私たちの前を通って帰られました。その時、あの白い着物が、ほんとうに美しいと思いました。

山田先生が、

「これで、地鎮祭はすみました。今日は、学校として、記念すべきおめでたい日ですから、みんなで元気よく、校歌を歌いましょう」

といわれました。

私たちは、声をそろえて校歌を歌いました。歌いながら、このあき地に、講堂がりっぱに立った時のことを思い、新しいその講堂に、全校の先生も、生徒も、いっしょに集って並んだ時のことを思って、うれしさでいっぱいになりました。

九　笛の名人

笛の名人用光《もちみつ》は、ある年の夏、土佐《とさ》の国から京都へのぼろうとして、船に乗った。船が、ある港にとまった夜のことであった。どこからかあやしい船が現れて、用光の船に近づいたと思うと、恐しい海賊が、どやどやと乗り移って来て、用光をとり囲んでしまった。

用光は、逃げようにも逃げられず、戦おうにも武器がなかった。とても助らぬと覚悟をきめた。ただ、自分は楽人であるから、一生の思い出に、心残りなく笛を吹いてから死にたいと思った。それで、海賊どもに向かって、

「こうなっては、おまえたちには、とてもかなわない。私も覚悟をした。私は楽人である。今ここで、命を取られるのだから、この世の別れに、一曲だけ吹かせてもらいたい。そうして、こんなこともあったと、世の中に伝えてもらいたい」

といって、笛を取り出した。海賊どもは、顔を見合わせて、

「おもしろい。まあ、ひとつ聞こうではないか」

といった。

これが、名人といわれた自分の最後の曲だと思って、用光は、静かに吹き始めた。曲の進むにつれて、用光は、自分の笛の音によったように、ただ一心に吹いた。

雲もない空には、月が美しくかがやいていた。笛の音は、高く低く、波を越えてひびいた。海賊どもは、じっと耳を傾けて聞いた。目には涙さえ浮かべていた。

やがて曲は終った。

「だめだ。あの笛を聞いたら、わるいことなんかできなくなった」

海賊どもは、そのまま、船をこいで帰って行った。

十　機械

工場だ、
機械だ。
鉄だよ、音だよ。

どどどん、どどどん。
ピストン、
腕だよ。
あっちへ、こっちへ、
がたとん、がたとん。

車だ、
車輪だ。
ぐるぐる　まわるよ。
ぐるぐる、ぐるぐる。

車輪と
車輪に、
皮おび　すべるよ。
するする、するする。

歯車、
歯車、
歯と歯とかみ合い、
ぎりぎり、ぎりぎり。

動くよ、
音だよ、
鉄だよ、ぐるぐる、
がたん、どどどん。

十一　出航

今日、みなさんは、一万トンの汽船に乗って、神戸《こうべ》の港をたつのだと考えてください。みなさんを乗せる船は、今さかんに起重機を動かして、荷物を積んでいます。

みなさんといっしょに、あとからあとから、乗客が乗ります。船の出る前は、ほんとうに景気のいいものです。

甲板《かんぱん》に出て並びましょう。向こうは上屋《うわや》で、見送りの人が、いっぱい並んでいます。みなさんのおとうさんや、おかあさんも、いられるはずです。

あ、けたたましいどらの音がします。まもなく出航です。見送りの人や、積荷をしていた人たちは、これを合図に、船からおりて行くのです。

勇ましい楽隊の音楽が聞えますね。軍艦マーチが聞えます。愛国行進曲が聞えます。さあ、私たちも、いっしょに歌おうではありませんか。

いよいよ出航です。あの、うなるように大きな汽笛の音を、お聞きなさい。

船は、静かに岸壁《がんぺき》をはなれて行きます。

上屋の人たちが、一生けんめいで、ハンケチや帽子を振っています。さあ、みなさんもお振りなさい。大きな声で、「おとうさん、行ってまいります」「おかあさん、行ってまいります」といっておあげなさい。

船が港を出る時は、途中まで、あの小さな汽船に、引っぱられて行くのです。ちょっと、妙なかっこうでしょう。ちょうど、子犬が、象《ぞう》でも引っぱって行くようですね。

もう、上屋の人は、だれがだれだか、はっきりわからなくなりました。それでも、みんな合図をしています。ごらんなさい。だれか女の人が、赤い日がさを振っているではありませんか。

いよいよ、小さな汽船からはなれて、私たちの船は、ひとりで走り始めました。さあ、これから、だんだん早くなりますよ。もう、上屋の人は、たいてい帰って行きました。

右の方に、林のように見える起重機――あれは造船所です。今、新しい船を何ぞうか、こしらえているのが見えるでしょう。

港内には、ずいぶん船がいますね。何ぞうあるでしょう。ちょっと数えきれませんね。大きいのは、満洲や、支那や、南洋などへ行く船です。みんな、貨物船のようです。

さあ、港の口の防波堤へ来ました。あれを越すと、きれいな瀬戸《せと》内海へ出ます。ごらんなさい。神戸の市街が、まるで絵のように美しく見えるではありませんか。この船は、あすの朝門司《もじ》へ着いて、正午ごろ門司を出航します。それから先は、どこへ行くのでしょうか。みなさんは、どこへ行きたいと思いますか。

十二　千早城

楠木正成《くすのきまさしげ》がたてこもった千早城は、けわしい金剛山《こんごうさん》にあるが、まことに小さな城で、軍勢もわずか千人ばかり。これを囲んだ賊は、百万という大軍で、城の附近いったいは、すっかり人や馬でうずまった。

こんな山城一つ、何ほどのことがあるものかと、賊が城の門まで攻めのぼると、城のやぐらから大きな石を投げ落して、賊のさわぐところを、さんざんに射た。賊は、坂からころげ落ちて、たちまち五六千人も死んだ。

これにこりて、賊は、城の水をたやして、苦しめようとはかった。まず、谷川のほとりに、三千人の番兵を置いて、城兵が汲みに来られないようにした。城中には、十分水の用意がしてあった。二日たっても、三日たっても、汲みに来ない。番兵がゆだんをしていると、城兵が切りこんで来て、旗をうばって引きあげた。

正成は、この旗を城門に立てて、さんざんに賊のわる口をいわせた。賊が、これを聞いて、くやしがって攻め寄せると、正成は、高いがけの上から大木を落させた。そうして、これをよけようとして、賊のさわぐところを射させて、五千人余りも殺した。

この上は、ひょうろう攻めにしようとして、賊は、攻め寄せないことにした。

ある朝まだ暗いうちに、城中から討って出て、どっとときの声をあげた。賊は、「それ、敵が出た。一人ものがすな」と押し寄せた。城兵はさっと引きあげたが、二三十人だけはふみとどまった。賊が、四方からこれをめがけて押し寄せると、城から大きな

石を四五十、一度に落したので、また何百人か殺された。ふみとどまっていたのは、みんなわら人形であった。

もうこの上は、何でもかでも攻め落してしまえというので、賊は、大きなはしごを作り、これを城の前の谷に渡して橋にした。幅が一丈五尺、長さが二十丈、その上を賊はわれ先にと渡った。今度こそは、千早城も危く見えた。すると、正成は、いつのまに用意しておいたものか、たくさんのたいまつを出して、これに火をつけて、橋の上に投げさせた。そうして、その上へ油を注がせた。橋は、まん中からもえ切れて、谷底へどうと落ちた。賊は何千人か死傷した。

賊が、千早城一つをもてあましていると、方々で、官軍が、ひょうろうの道をふさいだので、賊はすっかり弱った。百人逃げ二百人逃げして、初め百万といった賊も、しまいには十万ばかりになった。それが前後から官軍に討たれて、ちりぢりに逃げてしまった。

十三　錦の御旗

大塔宮《だいとうのみや》は、北条《ほうじょう》高時征伐のため、兵をお集めになろうとして、大和《やまと》の十津川《とつがわ》から高野《こうや》の方へお向かいになった。お供の者は、わずかに九人であった。

途中には、敵方の者が多かった。中にも、芋瀬《いもせ》の荘司《しょうじ》は、宮のお通りになることを知って、道に手下の者を配っていた。

宮は、どうしても、そこをお通りにならなければならなかった。

お供の中に、村上彦四郎義光《ひこしろうよしてる》という人がいた。このへんの敵のようすを探るために、思わず時を過して、宮のおあとから急ぎ足に道をたどって来たが、ふと見ると、向こうに、日月を金銀で現した錦の御旗を、おし立てている者がある。義光は、ふしんの眉《まゆ》をひそめた。あれこそは、大塔宮の御旗である。もしや、宮の御身に、何事か起ったのではなかろうか。義光は、胸をとどろかした。

急いで近寄ると、芋瀬の荘司が、家来の大男に宮の御旗を持たせて、さもとくいそうに、何か声高く話しているのに出あった。

義光は大声に、

「見れば尊い錦の御旗、どうしてそれを手に入れたのか」

とつめ寄った。

荘司は、おうへいに答えた。

「大塔宮を御道筋に待ち受け申し、この御旗を、この荘司が手に入れたのだ」

義光は、かっと怒った。

「それはけしからぬ。おそれ多くも宮の御道筋をふさいだ上に、錦の御旗をけがしたてまつるとは」

と叫んで、御旗をうばい取るが早いか、かの男をひっつかんで、まりのように投げつけた。

錦の御旗を肩にかけ、相手をにらみつけながら、おちつきはらって、その場をたち去った義光は、やがて宮に追いつきたてまつった。

大塔宮は、義光の忠義を心からお喜びになった。

十四　国旗掲揚《けいよう》台

一

国旗掲揚台のそばに、勇さんと、正男さんと、春枝さんの三人が集っている。三人とも、旗竿の先を見あげている。

勇　「ずいぶん、高いなあ」

正男　「どのくらいあると思う」

勇　「さあ、十四メートルぐらいかな」

正男　「ぼくは、十三メートルないと思う」

勇　「春枝さんは、どのくらい」

春枝　「そうね。十メートルぐらいかしら」

そこへ花子さんが来る。

花子　「みんな、ここで何をしているのですか」

春枝　「あの国旗掲揚台の高さを、あてているのです」

花子さんも、旗竿の先を見あげる。

春枝　「花子さんは、どのくらいと思いますか」

花子　「十一メートルはあると思います」

春枝　「あら、みんなちがいますね。だれが、いちばん正しいでしょう」

正男　「何とかして、きちんと高さを計れないものかな」

二

それから、三日ばかりたったある日、正男さんが、自分のかげを見ながら考えこんでいる。

正男　「けさは、ぼくのかげが、ずっと長くのびていたのに、今見ると、こんなに短くなっている。ぼくのせいの高さに変りはないのに、かげだけが、あんなにのびたりちぢんだりするのだな」

正男さんは、あちらこちらと歩きながら考える。しばらくして、

正男　「待てよ、かげがのびたりちぢんだりしている間に、ぼくのせいの高さと同じ長さになる時が、あるにちがいない。いや、きっとあるはずだ」

歩くのをやめて、立ち止まる。急に思いついたらしく、手をうって、

正男「そうだ、そうだ。こうすればいいんだ。いい考えが浮かんだ」

さもうれしそうに、にこにこする。

三

国旗掲揚台の前に、みんな集っている。

勇「正男くん、わかったって、ほんとうにわかったのか」

正男「わかった、ほんとうにわかった」

春枝「どうすればいいのですか」

正男「まず、ぼくのかげを計るのです」

花子「かげを」

正男「そう」

勇「きみのかげを計るんじゃないよ。あの国旗掲揚台の高さを計るんだよ」

正男「まあ、待ちたまえ。こういうわけなんだ。

正男さんは、巻尺を勇さんに手渡して、

これで、ぼくのかげの長さを計ってくれたまえ」

勇さんたちは、正男さんのかげを計る。

勇　「百二十八センチあるよ」

花子　「正男さんのかげを計ってから、どうしますの」

正男　「今、ぼくのかげが、百二十八センチあるでしょう。ところが、ぼくのせいの高さは、百二十四センチなんです。あとしばらくで、かげが百二十四センチにちぢんで、ぼくのせいと同じ長さになります」

勇　「わかった、やっとわかった」

春枝　「どうなるのですか」

勇　「正男くんのせいと、かげの長さと同じになった時刻は、あの国旗掲揚台の高さと、かげの長さが同じになるというわけだろう」

正男　「そう、そう」

春枝　「それで、その時刻に、あの国旗掲揚台のかげの長さを計るのですね」

正男　「そのとおりです」

勇　「うまいところに気がついたな」

花子　「ほんとうですね」

四

正男「さ、勇くん、ぼくが『ようし』といったら、国旗掲揚台のかげの端に、しるしをつけてくれたまえ。

勇さんは、国旗掲揚台のかげのところへ行って、しるしをつける用意をする。

春枝さんと、花子さんは、ぼくのかげが百二十四センチになった時、知らせてください」

二人は、巻尺を張って見つめている。まもなく、

春枝・花子「今、百二十四センチになりました」

正男さんは、「ようし」と叫ぶ。勇さんはしるしをつける。

勇「さ、みんなで、いっしょに計ってみよう」

みんな、「一メートル、二メートル、三メートル」と声を出して数える。

みんな「十メートル、十一メートル、十二メートル」

勇「ちょうど十二メートル」

みんな「あれが十二メートルの高さかな」

といって、国旗掲揚台の先を見あげる。

十五　夏

じりじりと、
照りつける太陽。
ごみっぽいでこぼこの道を、
トラックが通る。

「カーン、カーン、カーン」
けたたましい響きだ、
鉄工場の前。
その庭に、日まわりが咲いている。

くろぐろと、
茂った夏草。木立には、
蝉《せみ》が、
油を煮るように鳴きたてる。

びっしょりと、
軍服を汗ににじませて、
兵隊さんが通る、
一中隊ばかり。

「暑いなあ」
だれもがそういう。しかし、
夏ほど明かるくて、
さかんなものはあるまい。

十六　兵営だより

武男くん、お手紙ありがとう。班長殿に呼ばれて、きみから来た手紙を渡された時は、ほんとうにうれしく思いました。

おじさんや、おばさんも、お変りないそうで、何よりです。ぼくも、入営以来ずっと元気です。このごろは、もうすっかり兵営生活になれて、毎日楽しい日を送っています。

朝、起床ラッパが鳴ると、いっせいにはね起きます。すばやく寝床をかたづけて、かわいた手拭で、からだが赤くなるほどこすります。それから、兵舎の前に並んで、点呼を受けるのです。点呼がすむと、きれいな朝の空気を胸いっぱい吸って、「一、二、三、四」と、掛声勇ましく体操をしますが、その時は、何ともいえないよい気持です。

教練は、午前と午後にあります。「気をつけ」の姿勢をきちんとしたり、大きな目を見はって、かっぱつに手をあげて敬礼をしたり、背嚢《はいのう》と銃を肩に、歩調を合わせて勇ましく行進したり、「おりしけ」や、「ふせ」の姿勢で、小銃を撃つけいこをしたりします。

時には、朝早くから、遠くへ演習に出かけることもあります。斥候《せっこう》になって森や林の中をかけまわったり、「パンパン、パンパン」と、小銃や機関銃を撃ったり、相手の陣地に、「わあっ」と大声をあげて、はげしく突撃したりします。このように、野原や山を一日中かけまわって、夕方おなかをぺこぺこにして、なつかしい兵営へ帰って来るのです。すぐに兵器の手入れをして、夕飯をたべますが、そのおいしいことは、またかくべつです。大きなアルミニュームの食器に、山もりにした御飯を、見るまに平げてしまいます。

夕食後は、ぼくらの最も楽しい時間で、お風呂《ふろ》へはいったり、軍歌の練習をしたり、お汁粉や、大福餅をたべながら、お国じまんの話に花を咲かせたりします。

午後八時には、夜の点呼があるので、めいめいの部屋で整列して、週番士官殿の来られるのを待ちます。週番士官殿が見えると、班長殿は、

「第一班、総員三十名。事故なし」

と、人員の報告をされます。それから、ぼくたちに向かって、

「番号」

といわれます。ぼくたちは、「今日も、おかげで無事に終りました」という心持で、「一、二、三、四、五、六」と、大きな声で、次々に番号を送って行きます。

点呼が終ると、みんな声をそろえて、おごそかな気持で、軍人勅諭《ちょくゆ》を奉読します。静かな夜の兵営のどの室からも、力強い奉読の声が聞えて来るのは、この時です。

勅諭の奉読がすむと、班長殿から、いろいろな命令や注意などを受けます。

九時には、「みんなおやすみなさい」と、消燈ラッパが鳴り渡るので、その前に、日記をつけたり、手紙を書いたりします。

ぼくらが、朝夕寝起きする室の壁ぎわには、銃を立て掛けておくところがあって、手入れのよくとどいた小銃が、行儀よく並んでいます。両側には寝台があって、寝台の後には、めいめいの持物を置くたながあります。その上に、ていねいにたたんだ軍服や、背嚢などが、きちんと置いてあります。室のすみからすみまで、よくせいとんがしてありますから、いざという場合には、暗がりでも、すぐ武装《ぶそう》することができます。

昼のつかれで、みんなすやすやと眠っていると、夜中に、「武装して、兵舎の前に集れ」

と、急に命令がくだることがあります。その時は、大急ぎで武装して、まっ暗な兵舎の前に整列します。

入営当初は、寒い風が吹きまくる営庭で、教練をしたり、

つめたい水で食器を洗ったり、せんたくしたり、なかなか骨がおれましたが、だんだんなれて来ると、日々の仕事がおもしろく、ゆかいになります。

兵営は、いわば一つの大きな家庭で、中隊長殿を始め、上官のかたがたは、ぼくらを、自分の弟か子のようにしんせつにしてくださいます。それで、みんなは仲よくはげましあって、毎日、教練をしたり勉強したりして、軍人としてのりっぱな精神を養って行くのです。

武男くんたちも、やがては、こういう兵営生活をするようになるのですから、今のうちから、しっかりやるようにしてください。

手紙を書いている間に、いつのまにか九時前になりました。じき消燈ラッパが鳴りますから、これでやめます。みなさんによろしく。さようなら。

年　月　日　　　　　新一

武男くん

十七　油蟬《あぶらぜみ》の一生

油蟬の子は、土の中に住んでいます。前足が丈夫ですから、けらや、もぐらのように、土の中を上手にもぐって行きます。たいていは、木の細い根をじくにして、まるい穴をほり、その中にはいっています。油蟬の子の口には、針のような管がありますから、その管を木の根にさしこんで、汁を吸って生きています。

それにしても、この油蟬の子は、いつ、どこで生まれたのでしょうか。

夏の末になると、親蟬は、木の皮にきずをつけて、その中に卵を生みます。卵は、そのままで冬を越して、あくる年の夏かえるのですが、その時は、二ミリぐらいの小さな、白いうじのようなものです。この小さな虫が、やがて木をおりて、いつのまにか、柔かい土の中にもぐりこんでしまいます。

最初は、浅いところにいますが、年を取るにつれて、だんだん深いところへはいって行きます。から

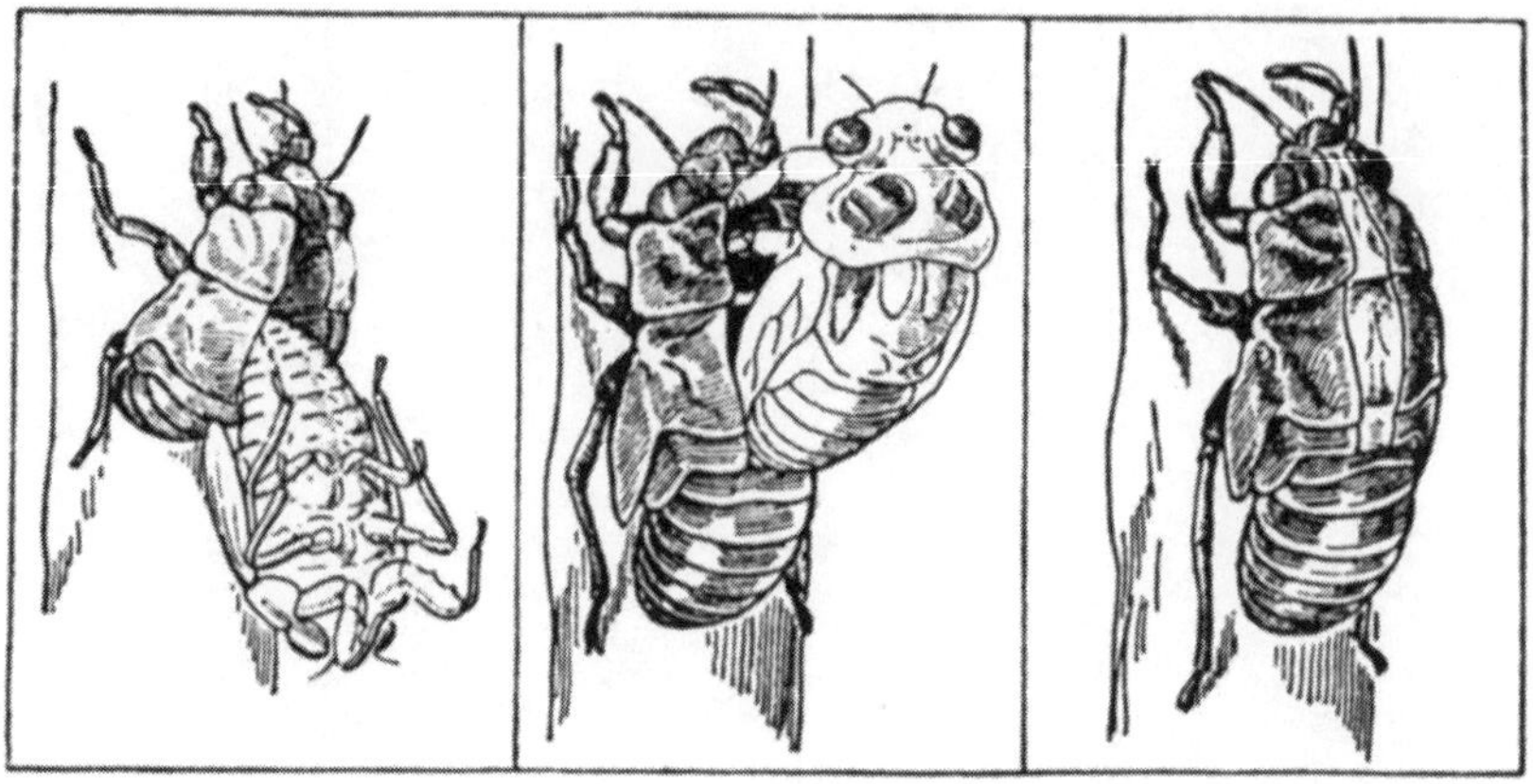

だも大きくなり、形も色も、しだいに変って、丈夫そうになります。
土の中へもぐってから七年めに、やっと長い地下の生活が終るのです。そこで、油蟬の子は、深いところから、だんだん浅いところへ移って、地上へ出る日の来るのを待っています。
天気のよい夏の夕方、油蟬の子は、今日こそと穴から地上へはい出します。もう鳥などはたいてい寝ていますが、それでも油蟬の子は用心して、急いで安全な場所をさがします。木とか、草とかにのぼって、安心だと思うと、前足のつめで、しっかりとそれにしがみつきます。すると、ふしぎにも、前足は堅くその場所にくっついて、動かなくなります。
そのうちに、堅いせなかの皮が縦に割れて、中からみずみずしいからだが現れます。すぐにせなかが出る。頭が出る。つづいて足が出て来ます。もう残ったところは、腹の下の方だけです。

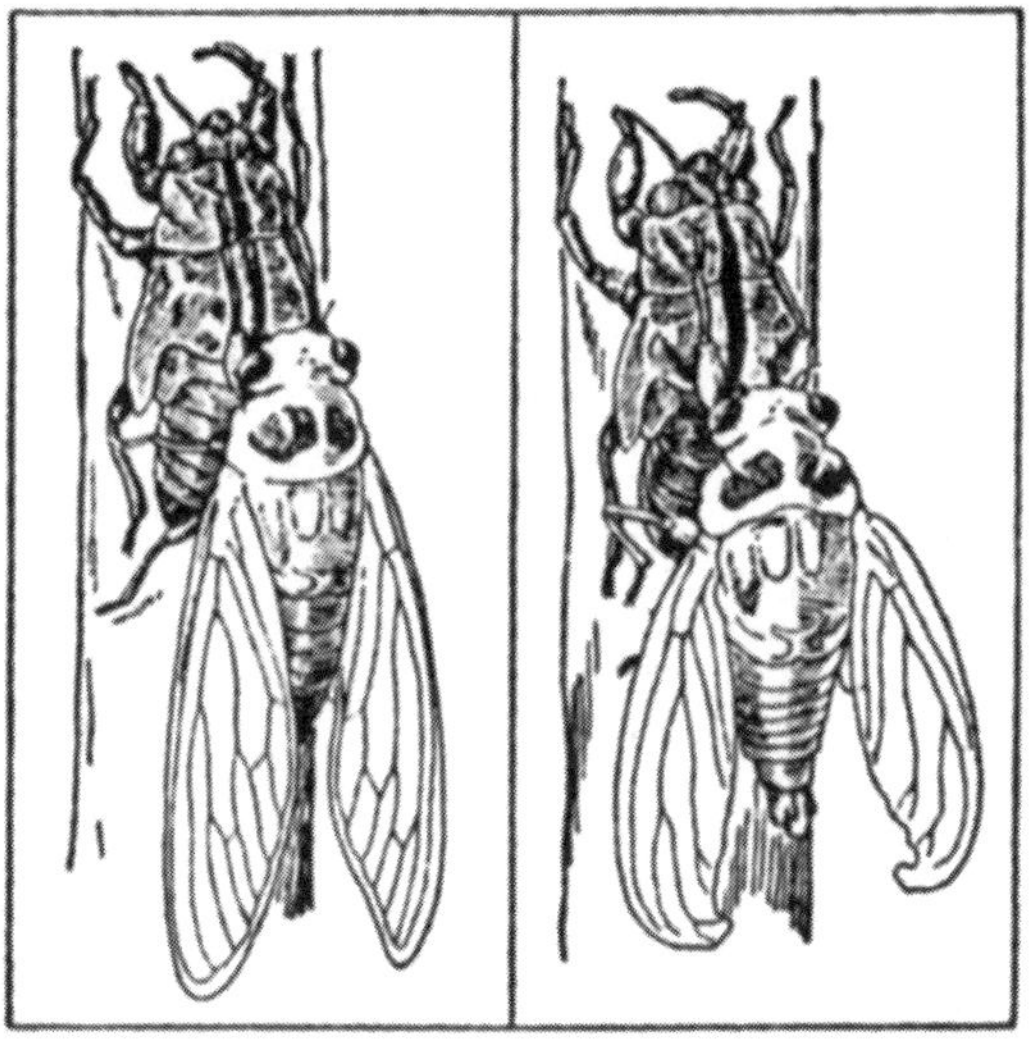

　そこで、おもしろい運動を始めます。ぐっとそりかえるようにして、頭を後へさげます。しばらくは、そのままで、じっと動かないでいますが、やがて起き直ったと思うと、からだは完全に抜け出します。しわくちゃになっていた羽が、みるみる延びて来ます。
　もう、蝉の子ではありません。色はまだ青白くて、弱々しそうですが、形はりっぱな親蝉です。
　夜風に当り、朝日に当ると、すっかり色が変って、見るからに丈夫そうな油蝉になります。そうして、天気のよい夏の日を、楽しそうに飛びまわり、鳴きたてます。
　油蝉は、それから二三週間生きています。満六年という長い地下生活にくらべて、なんという短い地上の命でしょう。ところで、この六年でさえ長いと思われるのに、外国には、十何年も、土の中にもぐっている蝉があるということです。

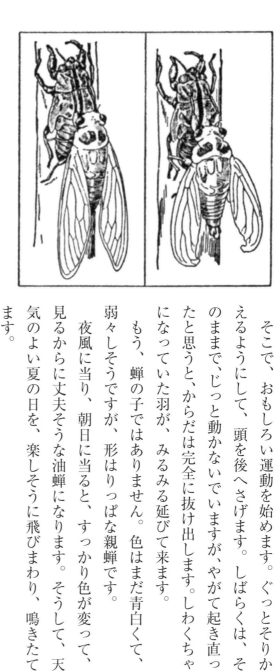

十八　とびこみ台

「向こうのとびこみ台へ、泳いで行こう」

といって、本田くんといっしょに、肩を並べて泳いで行きました。

とびこみ台の中段へあがって、そこから、二人ともとびこみの練習をしましたが、本田くんの方が上手でした。

上のいちばん高い段からは、五年生の山本くんがとんでいました。からだをぴんとのばして、台の上から、まっさかさまに、水の中へずぶりとはいって行くのは、いかにも愉快そうでした。

「わたなべくん、上の段からとぼうよ」

と、本田くんがいいましたので、いちばん上の段へのぼって行きました。とぼうと思って下を見ると、何だかこわいような気持がしました。

頭の上では、夏の太陽が、かんかんと照っています。青い波はきらきらと光って、目が痛い

ようです。

「おい、早くとびたまえ。きみがとばなければ、ぼくがとべないじゃないか」

と、本田くんがいいました。

「よし」

といって、ちょっと下を見ると、足がぴったり板について、離れないような気がします。

空では、大きな入道雲が笑っています。

「弱虫、早くとびたまえ」

と、山本くんがいったので、今度は、下を見ないで、向こうの山をじっと見つめました。

「えいっ」

といいながら、思いきって、両足で台をけりました。

「あっ」

と思ったその時、空と水がひっくり返って、からだはもう水の中へもぐっていました。

水の上へ顔を出すと、本田くんと山本くんが、台の上で笑っていました。

「おうい、ぼくのとび方は、どうだったたい」

と聞きますと、二人は、

「よかった、よかった。うまかったよ」

とほめてくれました。
ぼくは、とびこみ台の方へ泳いで行きました。

十九　母馬子馬

母馬子馬、
沼《ぬま》の岸、
夏のゆうべの柳かげ。

母が番して、
子の馬は、
ゆっくりゆっくり水を飲む。

まるくひろがる
水の輪が、
いくつも出ては消えるたび、

水にうつった
三日月が、
ゆらゆら見えたりかくれたり。

母馬子馬、
沼の岸、
柳のかげが暮れて行く。

二十　東郷元帥《とうごうげんすい》

関東大震災の時であった。

「ドドッ」という、ものすごい地響きとともに、東京の何千万の家は、一度に震動した。瓦《かわら》が落ちる、窓ガラスが飛ぶ、石垣がくずれる。傾く家、めちゃめちゃにつぶれる家もずいぶん多かった。

市民は、まったく生きた気持もなかった。命からがら逃げ出した者も、しばらくは、つづいて起る余震におどろいて、ただ「あれよ、あれよ」というばかり。まして、けがをした者や、つぶれた家の下敷きになった者は、どんな気持であったろう。

東郷元帥の家は、質素な、古い木造建であった。はげしい震動に、この家も、たちまち壁はくずれ、屋根瓦はたいてい落ちてしまった。

ちょうど、お昼の食事中であった元帥は、家の人々といっしょに庭へ出たが、はげしい震動がひとまず過ぎると、すぐに居間へとって返した。たんすをあけて、みずから軍服を取り出し、手早く着かえた。そうして、胸には、うやうやしく勲章《くんしょう》をつけた。

「どうなさるのでございますか」

という家人の問に対して、元帥はおごそかに、

「赤坂離宮《あかさかりきゅう》へ」

と答えた。

ひきつづき起る余震に、家は震い、地はゆれ、市民があわてふためいている中を、七十七歳の老元帥は、赤坂離宮へと急いだ。

当時、大正天皇は、日光にいらせられた。元帥は、赤坂離宮に、摂政《せっしょう》殿下をお見まい申しあげたのである。摂政殿下の御無事でいらっしゃるのを拝した元帥は、胸をなでおろしながら、三時ごろおいとまを申しあげて、自宅へ帰った。

そのころ、東京市中は、いたるところに火災が起っていた。

帰るとすぐ、元帥は家の人に、

「陛下のお写真を、庭へお移し申せ」

と命じた。

お写真は、庭の中央に安置された。

やがて、火は近くの家に起った。元帥の家の人々は、手伝いに、その方へかけつけて行った。ところが、火はたちまち元帥の家をおそった。まず、自動車小屋が見るまに焼けた。元帥は、家に残っていた人々を指図しながら、みずから防火につとめた。

「あぶのうございます。どうぞ、おたちのきください」

と、人々がすすめても、元帥は、

「なに、大丈夫。もう少し」

といって、聞き入れなかった。自分の家を焼くのは、近所の家々へ、めいわくをかけることになる。守られるだけは、守らなければならないというのが、元帥の心であった。

火は前後二回おそったが、元帥の指図と、集って来た人々の働きによって、消しとめられた。こうして、家は最後まで無事であった。

二十一　くものす

二階の窓から見ていると、大きなくもが一匹、すうっと、私の目の前へぶらさがって来ました。私は、びっくりしました。

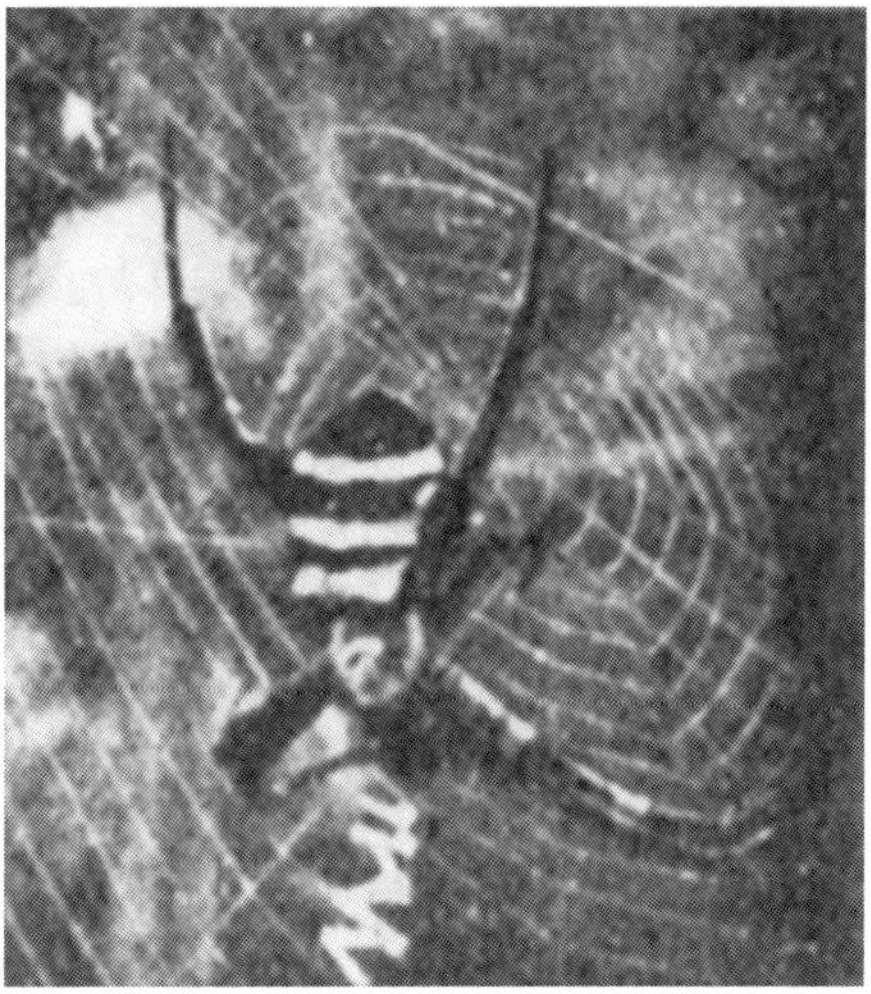

見ると、くもは、雨どいのところから、糸を引いておりて来たのです。そうして、そのまま、じっとして動こうともしません。これから、いったい、何をしようとするのかと思うと、私は、急におもしろくなって来ました。

くもは、やがて後の方の足を動かして、おしりのところから、たくさんの細い糸を引き出し始めました。糸は、一センチ、二センチと、見るまに延びて、二メートルぐらいになりました。何十本とも知れない細い、白い糸が、夕風にゆられながら、ふわふわと空中にただよっているのは、ほんとうにきれいでした。

そのうちに、このたくさんの糸の中の一本が、向こうの柿の木の枝にくっつきました。くもには、それがすぐわかるものとみえて、しきりにこの糸を引っぱったり動かしたりしていましたが、やがてそれを伝って、向こうへ渡り始めました。そうして、風にゆられながら、やっと柿の木にたどり着きました。くもは、ほっと一安心したようでした。

　今度は、前の方の足をしきりに動かして、この糸を自分の方へたぐり始めました。すると、今までたるんでいた糸が、だんだんまっ直になりました。こうして、雨どいと柿の木との間に、一筋の糸が、空中にぴんと張り渡されました。

　くもは、この上を、いそがしそうに行ったり来たりして、すを作る仕事をつづけました。私は、くものりこうなのに、すっかり感心してしまいました。

　晩になって、また行って見ますと、そこには、もうりっぱな網ができていました。

二十二　夕日

赤い大きな夕日が、今、西の遠い、遠い地平線に落ちて行くところです。焼けきった鉄のようにまっかです。たらいほどに見える大きな円の中には、何かとろとろと、とけた物が動いているように見えます。

地上のみどりのあざやかなこと、美しいこと。遠くの木立や、家や、煙突が、くっきりと夕空に浮き出しています。

日は、ぐんぐんと落ちて行きます。一センチ、二センチと刻んで行くように、動くのがはっきりと見えます。もう、円の下の端は、地平線にかかりました。

ずんずん、沈んで行きます。

円は、しだいに半円となりました。櫛《くし》ほどになりました。あ、とうとうかくれてしまいました。

日が落ちたあとの空は、なんという美しさでしょう。今、日が沈んだばかりのところから、さし出たいく百筋のこまかい金の矢が、夕空を染めて、空は赤から金に、金からうす青に、ぼかしあげたようです。

あちらこちらに、真綿を引き延したような雲が、金色に、くれないに、色づき始めます。

美しい空です。はなやかな空です。

二十三　秋の空

どこまでも
高い空だ。
　煙突やアンテナが、
せいのびをしている。

どこまでも
青い空だ。
　電柱の碍子《がいし》が、
くっきりと白い。

どこまでも

さえた空だ。
たたけば、かんかん
音のする空だ。

二十四　浜田弥兵衛《はまだやひょうえ》

末次船《すえつぐぶね》の船長浜田弥兵衛は、台湾《たいわん》のオランダの長官ノイツの不法な仕打に、腹が立って腹が立って、たまりませんでした。

台湾は、明治以来日本の領土になりましたが、今から三百二十年ぐらい前までは、まだどこの国のものともきまっていませんでした。今日、高砂族《たかさご》といっている島の人が、未開の生活をしているだけでありました。

その以前から、日本人は、さかんに南方へ船で出かけ、南支那から、今のフィリピンや、仏印《ふついん》や、タイや、ジャワ・スマトラあたりまで進出して、貿易《ぼうえき》をしていました。したがって、その途中にある台湾へも、早くから往来して、そこで島の人や、南支那から来る船と貿易をしたり、そこからさらに南支那へ渡ったりしていました。台湾に住んでいる日本人も、たくさんあ

りました。

浜田弥兵衛は、長崎《ながさき》の貿易商末次平蔵《へいぞう》の船の船長として、いつも台湾から南支那へ通っていました。

ところで、そのころ、ひょっこりと台湾へ現れたのが、オランダ人です。かれらは、兵力を以て台湾の港を占領し、そこに城を築きました。そうして、日本船や支那船が、貿易するのをさまたげるために、一割という高い関税を払うことを命じました。

いわば、新参者のオランダ人が、古参の日本人をじゃまあつかいにしたのです。日本人は、なかなか承知しませんでした。そこで、オランダの長官は、たびたび日本船を取り調べたり荷物を没収《ぼっしゅう》したりして、さんざんいやがらせをしました。

弥兵衛が、末次船二そうを仕立て、荷物や武器を積んで、台湾に着いた時、オランダの長官ノイツは、すぐ役人に命じてその船を調べさせ、一時、弥兵衛を一室にとじこめておいて、武器や船具を没収させてしまいました。弥兵衛が腹を立てたのは、それがためであります。

しかし、弥兵衛は、なにもオランダ人と、けんかをしようというのではありませんから、できるだけおだやかに出て、武器や船具を返してくれるように、たびたびかけ合いました。ノイツは、

「何のために、武器を積んで来たのか」

と弥兵衛を責めます。

「海賊にそなえるためです」

と、弥兵衛は答えました。そのころ、南支那の海上に海賊の一団がいて、弥兵衛も、これまでずいぶん苦しんだことがあります。しかしノイツは、

「もうこのへんに、海賊はいないはずだ」

としらばくれて、武器を返そうといいません。

こういうかけ合いをしている間に、むなしく月日が過ぎて行きました。ノイツは、武器や船具を返さないばかりか、日本船に水さえもくれません。しかも、そのようすがすこぶるおうへいで、高い椅子《いす》にふんぞり返りながら、足をもう一つの椅子の背にのせたままで、弥兵衛に面会したこともありました。オランダ人の足が、日本人の頭の上にあるということが、どれほど

弥兵衛たちを怒らせたかわかりません。

弥兵衛は、もうこの上がまんして、日本の恥を台湾にさらしたくありませんでした。何とかして、日本へ帰りたいと思いました。もし帰れないなら、むしろオランダ人と戦って、死んだ方がましだとさえ思いました。

弥兵衛は、部下の者といっしょに、ノイツに最後の面会を求めました。その時、ノイツは城外の別館にいましたが、通訳《つうやく》や、そのほか数人の者がそばにいました。

弥兵衛は、まずおだやかに申し出ました。

「私どもは、日本へ帰ろうと思いますから、ぜひ、出航を許可していただきとうございます」

ノイツは、だまっていました。

「それで、このさい、船具や武器のお引き渡しを願いたいと思います」

ノイツは、まだ返事をしません。

「風の都合もありますし、どうか今日はぜひとも」

するとノイツは、

「帰ることは許さん」

と、いつものようにおうへいに答えました。

「どうしても許さないといわれるなら、今日は覚悟がありますぞ」

と、弥兵衛は、少しつめ寄っていいました。

このようすを見て、そばにいたオランダ人たちが、びっくりしました。ノイツも、気味わるく思ったようですが、わざと平気な顔で、

「そんなに帰りたければ、帰れ」

と吐き出すようにいったあとで、

「だが、荷物は全部置いて行くのだぞ」

とつけ加えました。

弥兵衛は、じっとノイツを見つめました。もう、がまんも何もあったものではないと思いました。

「ようし」

と叫ぶが早いか、すばやくノイツに組みつきました。

弥兵衛は、かた手にノイツの胸ぐらをつかんで引きすえ、かた手に短刀を抜いて、その胸に突きつけました。

弥兵衛の部下も、刀を抜きました。

その室にいたオランダ人が、逃げ出して急を知らせました。

たちまち、城内にラッパが鳴り響きました。オランダ兵士が、弾をこめた銃を持ってかけつ

けて来ました。

「ドドン」

兵士たちは、屋内へ向かって撃ちこみました。

弥兵衛は、ノイツの首に刀を突きつけたまま、

「撃つなら撃て。その代り、長官の命はないぞ」

といって、きっとあたりをにらみました。

「いや、撃つな。撃つなといえ」

目を白黒させながら、ノイツは、かけつけて来たオランダ人にいいました。

兵士は、仕方なく撃つことをやめました。

それから弥兵衛は、ノイツをしばりあげたまで、長い間だんぱんをつづけました。

とうとうノイツは、これまでたびたび没収していた荷物や、武器・船具、そのほかすべての物を返すことを約束しました。

数日ののち、弥兵衛を船長とする二そうの日

本船は、受け取った荷物をいっぱい積み、おまけにオランダ船一そうを引きつれて、堂々と台湾の港を出航しました。

「ヤヒョーエドノ」という名が、そののち、オランダ人の間に響き渡りました。

初等科国語　四

一　船は帆船よ

船は帆船よ、
三本マスト。
千里の海も　なんのその。

万里の波に
夕日が落ちて、
なおも南へ　気がはやる。

とまり重ねて
心にかかる、
安南・シャムは　まだはるか。

椰子《やし》の林に
照る月影を、

昔の人は　どう見たか。
日本町に
ふけ行く夜の
ゆめは故郷を　かけまわる。

二　燕《つばめ》はどこへ行く

夏の末ごろ、燕が、電線や物干竿に、五六羽ぐらい並んで止っているのを、よく見かけます。時には、十羽二十羽も、ずらりと並んでいることがあります。その中には、親燕もいますが、今年生まれた子燕が、たくさんまじっています。もう大きさだけは、親燕と同じですが、まだ口ばしの下の赤色が、親燕ほどこくありません。口ばしの両わきが、いくぶん、黄色に見えるのさえあります。

こうして、大勢の燕が並んでいるのを見ると、何かしら、相談でもしているように見えます。まもなく、去って行かなければならない日本に、なごりを惜しんでいるのかも知れません。これから行こうとする遠い国のことを、話し合っているのかも知れません。
やがて、九月もなかばを過ぎると、燕は、そろそろ日本を去って行きます。十月には、続々と去って行きます。十一月の初めになれば、もうほとんど、その姿を見せなくなってしまいます。

いったい、どこへ行くのでしょうか。

燕の行く先は、遠い、遠い南の海のかなたです。

東京から、四千キロもあるフィリピンで、ある年の十月の末、子どもが燕をつかまえました。すると、その右の足に、日本の文字を記した、小さな金属の板がついていました。それによると、埼玉県《さいたま》のあるところで、試みにしるしをつけて、はなしたものだということがわかりました。

しかし、燕はもっともっと、南へ飛んで行くのです。南洋の島々から、中には、さらに海を越えて、遠いオーストラリアまで行くのがあるということです。

燕は、鳥の中でも、いちばん早く飛ぶ鳥です。汽車や自動車も、かなわないくらいの早さですから、何百キロの海を、一気に飛ぶことも、決してふしぎではありません。しかし、その中には、今年生まれた子燕がたくさんいます。また、時にあらしや、そのほかの思いがけない災難に、あわないともかぎりません。

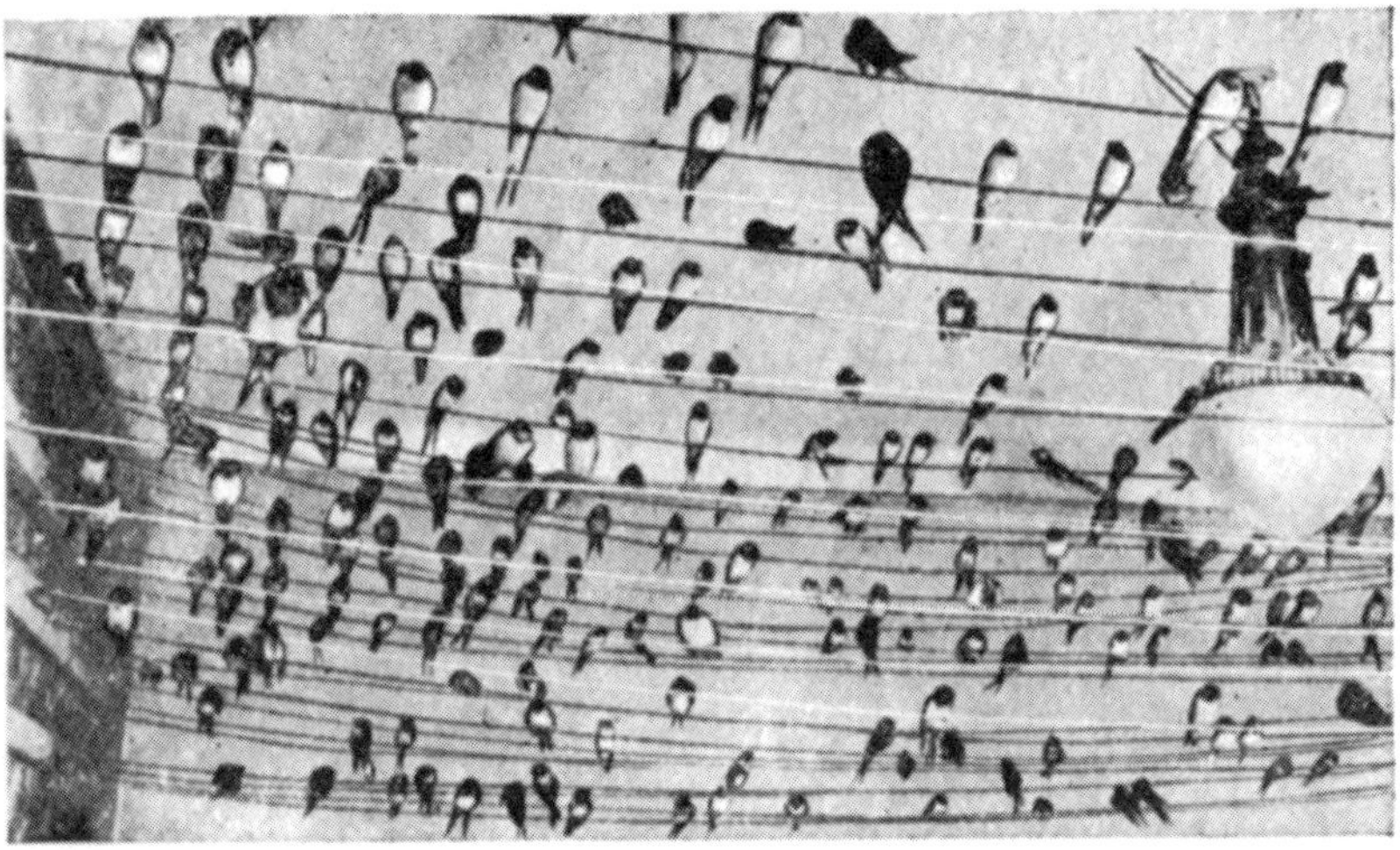

昭和六年の秋のことでした。ヨーロッパのある国で、約十万羽の燕が、急に落ちて来たことがあります。その年は気候が不順で、九月の中ごろ急に寒くなり、雨が降り続きました。おりから南へ飛行中だった燕は、食にうえ、つめたい雨にずぶぬれになって、もう、身動きもできなくなってしまったのです。そこで、その国の人々は、このつかれはてた鳥を拾い集めて、暖い家に入れてやり、食物を与えてやりました。そうして、つかれのなおるのを待って、南の暖い国へ送ってやりました。何しろ十万という数ですから、これを送るのはたいへんなことでした。九月の末から、十月の初めにかけて、汽車や飛行機で、何回にも送ったということです。

昔から、燕は、同じ家に帰って来るといわれています。つまり、今年ある家の軒下で巣《す》を作った燕が、来年また、同じ巣へもどって来るというのです。近年になって、いろいろな方法で、このことを調べてみますと、やはりそうであることがわかりました。ただ、あの小さなからだで、長い旅行を続けるせいか、途中で死んで帰って来ない燕も、かなり多いということです。

日本からオーストラリアまでは、一万キロ以上もありますが、燕は、決して自分の国を忘れません。日本に春が来ると思えば、もう矢もたてもたまらず、北をさして進むのです。その小さな胸には、若葉のもえる日本の春の美しさを、思い浮かべているでしょう。青々と植えつけられた夏の稲田を、思い浮かべているでしょう。何よりも、あの家の軒下に作った古巣が、なつかしいでしょう。

春になると、だれもが、このめずらしいお客の帰って来るのを、待ちこがれています。ちらりと燕の姿を見た人は、きっと、

「今日、始めて燕を見たよ」

といって喜びます。わけても、自分の家へ、いそいそと帰って来た燕を迎える人の心は、どんなにうれしいことでしょう。

三　バナナ

今日はバナナのお話をしましょう。

あの黄色な皮をむくと、中から白い、柔かな実の出て来るバナナは、きっとみなさんのすきな果物《くだもの》にちがいありません。ところで、あのバナナが、どこでできるか、どういう植物に生るか、みなさんはそれを知っていますか。

私たちのたべる、あの美しいバナナは、台湾《たいわん》のゆたかな日光を受けて、育った果物です。私たちが、「ばしょう」といっているものに、よく似た植物に生る果物です。

こういうと、みなさんは、台湾にさえ行けば、バナナの木がどこにでもあって、黄色なのを、そのまま取ってたべるのだなと思うかも知れませんが、それは大きなまちがいです。

いくら台湾でも、あの美しいバナナが、野生でできるのではありません。ちょうど、みなさんのたべる、おいしい梨《なし》や水蜜桃《すいみつとう》などが、畠でだいじに育てられた木に生るのと同じことです。梨畠や桃畠へはいって、枝のままもぎ取ってたべたら、みなさんはきっとしかられるでしょう。台湾のバナナにしても、それと同じことなのです。

台湾では、よく山ぞいの土地に、バナナが植えてあります。ちょっと遠くから見ると、バナナの畠は、キャベツか、それとも、カンナでも作った畠のような感じがします。それほど、あの大きな、ばしょうに似た植物が、きちんと行儀よく、しかも、たくさん植えてあるのです。ところによると、何百メートルという高い山の斜面が、ほとんど全部、バナナ畠であることがあります。

これほどたくさん植えてあるバナナが、一本一本だいじにされています。まわりの草を取ったり、肥料をやったり、そのほか、いろいろせわをしてやるのです。実が生ると、梨や桃と同じように、袋まで掛けてやるのです。

バナナは、苗を植えてから早くて十箇月、おそくても一年二箇月たつと、数メートルの高さに成長して、花が咲きます。古い株を切って出た芽は、それよりも早く成長して花が咲きます。

まず、葉と葉の間から、太い、長い一本の軸《じく》が出ます。それが花の軸で、その先に、赤むらさき色の、大きな蓮《はす》のつぼみのようなものがつきます。やがてそれが開くと、中に黄色な花が、矢車のように並んで咲きます。こうして、花が次から次へと、何段かに咲いて行って、ふさの

ようになります。

花が咲いてから三四箇月たつうちに、このふさがだんだん大きくなって、それにぎっしりと、みなさんのたべる、あのバナナが生るのです。

バナナは、まだ青いうちに取ってかごにつめ、船に積んで遠方へ送ります。台湾から、神戸《こうべ》や、東京へ通う汽船という汽船は、いつもバナナを積んでいます。

青いバナナは、むろへ入れて置くと、四五日のうちに、皮が黄色になり、おいしい味が出て来ます。

太陽のゆたかな熱と光とを吸って、すくすくと育った台湾のバナナは、こうしてみなさんのお目にかかります。北海道や樺太《からふと》はいうまでもなく、北支那から、北満洲の雪の夜の家々にも行って、みんなを喜ばしています。

四　大連から

みなさん、たびたびお手紙をありがとう。元気で何よりです。私もずっと丈夫で、毎日楽しく暮しています。きのうは、明治節でした。講堂の壇《だん》に、かざってあった菊の花を見て、ふと、みなさんのことを思い出しました。去年の今ごろ、学校園の菊の花を写生しましたね。私の送ってあげた大連の絵はがきや、地図が、教室に張ってあるそうですね。あの地図を見てもわかるでしょうが、町の名に、日露戦争当時の将軍がたの名が取ってあります。大山通とか、乃木《のぎ》町とか、東郷《とうごう》町とか、みなそうです。このほかまだありますから、さがしてごらんなさい。満洲は、前から、日本と深いつながりがあったわけです。

こちらへ来てから、半年余りになるので、この町にも、すっかりなれました。

町には、いくつかの広場がありますが、私は、絵はがきにある大広場がすきです。円形で、きれいな植込みのある広場です。ここで、満人の子どもや、ロシアの子どもたちが、よく遊んでいます。今はちょうど、菊の花がたくさん陳列《ちんれつ》されています。それから、アカシアの並木の絵はがきもあったでしょう。あの下を何度も通りました。白いふさになった花の咲くころは、よいにおいがして、そこを馬車に乗って走るのは、楽しいものです。並木道をのぼって行くと、忠霊塔《ちゅうれいとう》が立っています。高いところにそびえているので、町からよく拝むことができます。

大連の港は、ずいぶん大きくて、毎日たくさんの船が出たり、はいったりして、そのたびに、貨物が山のようにおろされたり、積み込まれたりします。

大連から、特別急行列車の「あじあ」が出ます。これで新京へは八時間半、ハルピンへは、十二時間半で行くことができます。また内地へは、毎日のように汽船が出ますので、それに乗ると、四日めには神戸《こうべ》に着きます。旅客機で朝たてば、夕方には大阪に着きます。

満洲国には、いろいろな民族が集っていて、みんな楽しく働いています。これらの人たちは、日本語を、一生けんめいにおぼえようとしています。たとえ、これらの民族のことばがちがっていても、やがて日本語を通して、たがいにお話ができ、心持が合うようになりましょう。このあいだ、支那町を見に行った時、おもしろいかんばんが見つかりました。赤い布ぎれのふさをつるしたものですが、何のかんばんだろうと思って、そばで遊んでいた満人の子どもにたずねますと、

「あれは、支那料理の店のかんばんです」

と、日本語ではっきり教えてくれました。

朝夕ひえびえとして、空がほんとうにきれいに澄むころになりました。夜は星が美しく、手を延せば、すぐつかめそうに近く見えます。

こうりゃんも大豆も、刈り取ってしまいました。「コウリャンカッテヒロイナア、ドッチヲ

ミテモヒロイナア」と、一年の時に、みなさんが読んだ歌のとおりだと、つくづく思いました。

この春、私がこちらへ来たころは、雁《がん》も北へ行きましたが、今は、南へ南へと飛んでいます。日本へ行くのです。「雁に手紙を頼みたい」ということを、昔からいいますが、ほんとうに、そんな気持になることがあります。

秋の遠足には、旅順へ行きました。旅順は、どこへ行っても静かな美しい町で、ここであんなはげしい戦があったとは、どうしても思われません。しかし、にれい山へのぼったり、表忠塔を仰いだり、広瀬《ひろせ》中佐で名高い旅順港口を眺めたりすると、心持がひとりでに、ひきしまって来るように思いました。旅順の絵はがきを別に送りましたから、みんなでごらんなさい。では、みなさん、おだいじに。さようなら。

十一月四日　　木村正一

四年生のみなさんへ

五　観艦式

朝もやが晴れて行く
海――見わたすかぎり、
くっきりと、堂々と、
帝国の艦艇《てい》、おお、その雄姿。

第一列から　第五列まで、
旗艦長門《ながと》以下百数十隻《せき》、
さんさんと秋の日をあび、
今日、おごそかに観艦式。

皇礼砲二十一発、
御召艦比叡《ひえい》は進む、
巡洋《じゅんよう》艦高雄を先導に、
加古・古鷹《ふるたか》を　うしろに従えて。

マストに仰ぐ
天皇旗、ああ、天皇旗。
すべての艦艇は　うやうやしく、
登舷《とうげん》礼、君が代のラッパ。

大空の一角に、
飛行機の爆音、
たちまち数百機が、
空をおおって分列式、分列式。

御召艦ははるばると、
艦列をぬって進む。
青空ははてもなく澄み、
秋風はさわやかに海をわたる。

六　くりから谷

木曾義仲《よしなか》、都へ攻めのぼると聞きて、平家は、あわてて討手をさし向けたり。

大将平維盛《たいらのこれもり》は、十万騎を引きつれ、越中《えっちゅう》の国、となみ山に陣を取る。義仲は、五万騎を引きつれ、これも同じく、となみ山のふもとに陣を取る。両軍たがひに押し寄せて、その間わづかに三町ばかりとなれり。

夜に入りて、義仲、ひそかにみかたの兵を敵の後にまはらせ、前後より、どつとときの声をあげさせたり。不意を討たれて、平家の軍は、上を下への大さわぎ。弓を取る者は矢を取らず、矢を取る者は弓を取らず。人の馬にはおのれ乗り、おのれの馬には人が乗り、後向きに乗るもあれば、一匹の馬に二人乗るもあり。暗さは暗し、道はなし。平家の軍は逃げ場を失ひて、後のくりから谷に、なだれを打つて落ち入りたり。

親も落つればその子も落ち、弟も落つれば兄も落ち、馬の上には人、人の上には馬、重なり重なつて、さしもに深きくりから谷も、平家の人馬にてうづまれり。大将維盛は、命からがら加賀の国へ逃げのびたり。

七　ひよどり越

平家の軍勢十万余騎、一の谷に城をかまへて、源氏の大軍を防ぐ。後は山けはしく、前は海近くして、守り堅ければ、源氏も攻めあぐみて見えたり。

大将源義経《みなもとのよしつね》、思ふやう、「敵はけはしき山をたのみ、後のそなへを怠りてあらん。われ、敵の後を突かん」とて、ひそかに三千余騎を引きつれ、山を伝ひて、ひよどり越に出づ。見おろせば、いく百丈の谷は、あたかも屏風《びょうぶ》を立てたるがごとし。大将、試みに数匹の馬を追ひ落したるに、ころびて倒るるもあり、足ををりて死ぬるもあり。されど、三匹は無事にくだり、身ぶるひして立ちあがれり。

大将、これを見て、「乗手が用心するならば、馬もけがはなかるべし。いざ、進め。義経を手本にせよ」とて、真先にかけくだれば、三千余騎、馬を並べてかけくだる。小石まじりの砂なれば、流るるやうにすべること二町余にして、やや平なるところに着きぬ。

　されど、これより下、十四五丈ばかりは、こけむしたる岩石、壁のごとくつき立ちたり。今は先へも進まれず、後へひかんやうもなし。皆々、顔を見合はせ、ただあきれゐたるに、佐《さ》原《はら》十郎《のじゅうろう》義連《よしつら》進み出で、「われらには、かかるところも平地に同じ。進めや」とて、真先にかけ進めば、三千余騎も続いて進む。声をしのばせ、馬をはげましつつ、なだれのごとくくだるさま、人わざとも思はれず。

　くだるやいなや、三千余騎、一度にどつとときをあげて、平家の城に火を放つ。敵ははたして不意を討たれ、あわてふためきつつ船に乗りて、皆ちりぢりに逃げ行きたり。

八　万寿姫《まんじゅのひめ》

源頼朝《みなもとのよりとも》が、鶴岡《つるがおか》の八幡宮《はちまんぐう》へ舞を奉納することになって、舞姫を集めました。十二人のうち、十一人まではありましたが、あとの一人がありません。困っているところへ、御殿に仕えている万寿がよかろうと、申し出た者がありました。頼朝は一目見た上でと、万寿を呼び出しましたが、顔も姿も、美しく上品に見えましたので、さっそく舞姫にきめました。万寿は、当年ようやく十三、舞姫の中ではいちばん年若でした。

奉納の当日は、頼朝を始め舞見物の人々が、何千人ともなく集りました。一番、二番、三番と、十二番の舞がめでたくすみましたが、そのうちで、特に人のほめたのは、五番めの舞でした。この時には、頼朝もおもしろくなって、いっしょに舞いました。その五番めの舞を舞ったのが、あの万寿姫であったのです。

明くる日、頼朝は万寿を呼び出して、

「さてさて、このたびの舞は、日本一のできであった。お前の国はどこ、また親の名は何と申す。ほうびは、望みにまかせて取らせるであろう」

といいました。万寿は恐る恐る、

「別に、望みはございませんが、唐糸《からいと》の身代りに立ちとうございます」

と申しました。これを聞くと、頼朝の顔色はさっと変りました。変るも道理、これには深い事情があったのです。

それより一年ばかり前のことです。木曾義仲《きそよしなか》の家来、手塚太郎光盛《てづかのたろうみつもり》の娘が、頼朝に仕えていました。この娘は、頼朝が義仲を攻めようとするのをさとって、そのことを、義仲のところへ知らせてやりました。すると、義仲からはすぐ返事があって、「すきをねらって、頼朝の命を取れ」と、木曾の家に伝わっていた、大切な刀を送ってよこしました。

光盛の娘は、そののち昼夜、頼朝をねらいましたが、少しもすきがありません。かえって、はだ身はなさず持っていた刀を、見つけられてしまいました。その刀に見おぼえがあった頼朝は、さあ、この女にはゆだんができないというので、石のろうへ入れてしまいました。唐糸というのは、この女のことでした。

唐糸には、その時、十二になる娘がありました。それが万寿姫で、木曾に住んでいましたが、風のたよりにこのことを聞いて、うばをつれて、鎌倉《かまくら》をさしてくだりました。二人は、野を過ぎ山を越え、なれない道を一月余りも歩き続けて、ようやく鎌倉に着きました。

まず鶴岡の八幡宮へ参って、母の命をお助けくださいと祈り、それから頼朝の御殿へあがって、うばと二人でお仕えしたいと願い出ました。かげひなたなく働く上に、人の仕事まで引き受けるようにしたので、万寿、万寿と、人々にかわいがられました。

さて万寿は、だれか母のうわさをする者はないかと、気をつけていましたが、十日たっても、二十日たっても、母の名をいう者はありません。ああ、母はもうこの世の人ではないのかと、力を落していました。

ある日のこと、万寿が御殿のうらへ出て、何の気もなく、あたりを眺めていますと、小さな門がありました。そこへ召使の女が来て、

「あの門の中へ、はいってはなりません」

と申しました。わけをたずねますと、

「あの中には、石のろうがあって、唐糸様が押し込められています」

と答えました。これを聞いた万寿のおどろきと喜びは、どんなであったでしょう。

それからまもなくのことです。ある日、今日はお花見というので、御殿は人ずくなでした。万寿は、その夜ひそかに、うばをつれて、石のろうをたずねました。八幡様のお引合わせか、門の戸は細めにあいていました。うばを門のわきに立たせておいて、姫は中へはいりました。

月の光にすかして、あちらこちらさがしますと、松林の中に石のろうがありました。万寿がかけ寄って、ろうのとびらに手を掛けますと、

「だれか」

と、ろうの中から申しました。

万寿は、格子《こうし》の間から手を入れて、

「おなつかしや、母上様。木曽の万寿でございます」

「なに、万寿。木曽の万寿か」

親子は手を取りあって泣きました。やがて、うばも呼んで、三人は、その夜を涙のうちに明かしました。

これからのち、万寿は、うばと心を合わせ、おりおり石のろうをたずねては、母をなぐさめていました。そうして、その明くる年の春、舞姫に出ることになったのでした。

親を思う孝行の心には、頼朝も感心して、石の

ろうから唐糸を出してやりました。二人がたがいに取りすがって、うれし泣きに泣いた時には、頼朝を始め居あわせた者に、だれ一人、もらい泣きをしない者はありませんでした。

頼朝は、唐糸を許した上に、万寿には、たくさんのほうびを与えました。親子は、うばといっしょに、喜び勇んで木曾へ帰りました。

九 林の中

葉は落ちて
明かるきこずえ、
林の中の　小道を行けば、
一足ごとに、
かさこそと　鳴る落葉。

たたずみて、
しばし聞きいる

林の奥の秋の静けさ。
鳴くはいずこ、
ちち　ちちと、鳥の声。

見あぐれば
高きこずえ、
小枝小枝は　かすかにふるう、
晴れたる空に、
細きこと　針のごとく。

十　グライダー「日本号」

一

「今日から、グライダーを作る」と、先生がいわれたので、みんなは声を出して喜んだ。道具は、小刀・はさみ・ものさし・分度器などである。

最初に、先生から、できあがりのグライダーを見せていただいた。

白い紙をはった、いかにも飛びそうなかっこうをしている。

「これで、百メートルの高さから飛ばすと、二キロは行くはずです」

といわれたのには、おどろいた。私たちも、あんなのを作るのかと思ったら、なおうれしくなった。

それから、グライダーの部分部分の名を、教えていただいた。胴体、その先端にとりつける鼻木、いちばん大きな主翼、それから水平尾翼・垂直尾翼などである。

見たところ、そんなにむずかしいとは思われないが、先生のお話では、少しでもくるいがあると、決してうまく飛ばないそうだ。どこまでも、正確に作りあげるという注意が、大切だといわれた。

「動かないものを作るなら、少しくらい寸法がまちがっても、できないことはありません。しかし、このグライダーのように、空中を飛ぶものになると、そうはいきません。いいかげんにやったのでは、決して飛びません」

と、先生がいわれた。

きちんと作るためには、設計図がいる。それで、私たちは、第一に設計図をかくことになった。これはたいへんむずかしいので、先生が、小さな穴で、しるしをつけてくださった紙に、かくことにした。穴と穴とを結びつけて、線を引いて行くと、いつのまにか、りっぱな設計図ができる。線を引きながらも、私の心に浮かぶものは、青い空に飛んでいる真白なグライダーであった。

二

機体の材料をいただいて、いよいよ製作にとりかかった。みんなは、一生けんめいだ。話などをしているものは一人もいない。私は、胴体に鼻木をしっかりと結びつけた。結ぶ糸の数にも、ちゃんときまりがある。これは重さに関係があるからだ。

次に翼を作るために、ひごをまるく曲げなければならないが、これはなかなかむずかしい。ただ曲げただけでは曲らない。それで、紙でひごを、ごしごしとしごきながら、熱くして曲げる。曲げては設計図に当てて見て、形を整える。曲げ過ぎて、ひごを折ってしまった者もいたようだ。

私は、ちょうどきちんとできたので、それを胴体にとりつけた。主翼も尾翼も、しっかりと結びつけた。

「やっと骨組ができた」

と、思わずそれを持ちあげて、自分ながら見とれていると、先生が来られて、重心のところを指にのせて、

「これはいい。よく飛びそうです」

といわれた。

三

最後の仕事は、この翼に、紙をはることである。もし、しわでもできると、風の受け方がうまく行かないので、水平に飛ばない。できるだけおちついて、気をつけながら、少しずつはって行った。

その時、もうだれかが、

「さ、飛ばそうかな」

というと、

「早いなあ」

という者もいた。すると、先生は、

「あわてないで、よく調べてごらん」

といわれた。それで、またみんなは静かになった。

やっと、ぴんとはりあげた。少しぬれているけれども、できあがったのだ。私は、そっと翼をなでてみた。何ともいえない、かわいい気持がして来る。

「では、昼休みに、みんなで飛ばしてみることにします」

と、先生がいわれた。

私たちは、めいめいのグライダーを机の上に置いて、おべんとうをたべた。

四

運動場に出ると、北の風が少し吹いていた。ほんとうによいグライダー日よりだ。みんなは、さかんに飛ばした。

私も飛ばしてみた。

飛ぶ、飛ぶ。二十メートルも一気に飛んで行った。私は自分で拍手《はくしゅ》をした。走って行ってグライダーを拾いあげると、なおかわいくなった。

先生が、運動場の向こうのがけの上で、

「集れ」

といわれたので、私たちは、みんなそちらへ走って行った。

「さあ、ここからいっしょに飛ばしましょう。一列にお並びなさい。用意、どんで、飛ばすのですよ」

私たちは、両手にグライダーを持ちあげた。

「用意――どん」

白い花びらを、まき散らしたようであった。その中を、私のグライダーは、真直に飛んで行く。

ちゅう返りをして落ちるもの、まっさかさまに落ちるもの、横へすべって行くもの、見るまに、飛んでいる数は少くなって、たった二機になった。みんなが、「わあっ」といって、応援《おうえん》をする。

二機が並んで行くのを見ていると、胸

がわくわくした。一機が風にあおられて、上へ向かったかと思うと、横へ傾いて落ちてしまった。

私のがまだ飛んで行く。涙が出て来た。まもなく、静かに下へおりて行って、地に着いた。

みんなが、「万歳！」と大きな声で叫んだ。

私は、このグライダーに、「日本号」という名をつけることにした。

十一　大演習

一

ぱかぱかぱかと、馬のひづめの音がして来たと思うと、騎兵の一隊が、勇ましく私たちの前を通り過ぎました。

軍隊が、今夜この町を通るので、私は、おかあさんにつれられて、夕方から、湯茶接待所へ手伝いに来たのでした。

やがて、また、ごうごうとすさまじい音をたてて、たくさんの戦車が来ました。ものすごい地響きにおどろいて、町の人々は、皆とび出して来ました。続いて、歩兵が近づいて来ました。

ちょうど接待所の前で、隊長が、「二十分間きゅうけい」と号令を掛けました。兵隊さんは、やれうれしやとばかり、私たちの前へ押しかけて来ました。

「ごくろうさま。おつかれでしょう」

といたわりながら、在郷軍人や、婦人会や、女子青年団の人々が並んで、麦湯をついであげています。ほこりと汗で、真黒になった兵隊さんが、「この水筒《すいとう》にも入れてください」「これにも」「これにも」と出されるので、私たちは、いそがしくて目がまわるようです。

こうして、あとからあとから来る兵隊さんを迎えて、とうとう、夜の十一時ごろまで働きました。

二

夜の明けないうちから、北の方で、銃声が聞えました。私たち女子の組も、先生につれられて、大演習の拝観に出かけました。

飛行機が勇ましい音をたてて、飛んで来ました。ときどき、あたりをふるわすような、大砲の音がします。そのたびに、早く飛んで行って、見たいような気がしました。

けさは、寒い北風が吹きまくり、たんぼの水たまりには、うすい氷さえ張っています。拝観に来た人々は、皆外とうのえりに、首をうずめていました。中には、たき火にあたっている人もありました。

野外統監《とうかん》部を遠く望むところで、私たちは拝観していましたが、どこで大砲を撃っているのか、わかりません。ただ歩兵が、木の小枝や、わらをからだにつけて、土手のかげをかけて行くのを見ました。騎兵が、土をけって走るのを見ました。戦のようすは、一向わかりませんでした。

やがて、野外統監部へ、天皇旗をお進めになって、御統監の大元帥陛下がお出ましになりました。最敬礼をしてから仰ぎ見ますと、風当りの強い高地であるのに、陛下は外とうをも召されず、熱心に戦況をごらんになっていらっしゃいます。それを拝した時、私たちは、何ともいえない感じがして、目が涙でいっぱいになりました。

拝観の人々も、今は外とうを着ている者は、一人もありませんでした。たき火も、いつのまにか消えていました。

三

今日は、兵隊さんが、私の家にもとまるというので、急いで学校から帰って来ました。すると、もう兵隊さんは来ていて、兵器の手入れをすまし、靴下を洗ったり、靴をみがいたりしていました。

お湯からあがって、「生き返ったようだ」といっている兵隊さん、そのそばで、銃や剣を見せてもらって大喜びの弟、夕飯の支度にいそがしいおかあさん。私も、兵隊さんの靴下を火にあぶって、かわかしてあげました。

夕食後、兵隊さんから、新しい兵器について、おもしろいお話を聞きました。おとうさんも感心

して、

「自分の行っていたころとは、すっかり変った。進んだものだ」

といいました。

明くる朝は早く起きて、出発の支度をしてあげました。おばあさんは、つかれないようにと、焼いたするめや氷砂糖を、紙に包んであげました。

まだ明けきらない空に、またたく星を仰ぎながら、おとうさんについて、私も町角まで見送りました。皆が、「万歳、万歳」と、ちょうちんをあげるのに答えて、兵隊さんたちも、「万歳、万歳」と叫びながら行きました。

私たちは、その勇ましい姿を、いつまでも見送っていました。

十二　小さな伝令使

昭和六年十二月三十一日の夕暮に、大石橋守備隊の鳩舎《きゅうしゃ》へ、血に染まった一羽の鳩《はと》が、飛んで来た。取扱兵が、すぐだきあげて足の番号を見ると、四日前に、錦州《きんしゅう》へ向けて出発したわが軍が、つれて行った鳩であった。信書管は血にまみれ、身には重い傷を負って、息もたえだえであった。

　錦州へ向かったわが軍は、三十日、とつぜん敵の大軍に出あって、はげしく戦った。早くこのことを、大石橋守備隊へ知らせようとしたが、電信も電話も、敵のためにこわされたので、通信は、ただ鳩にたよるほかはなかった。

　通信紙をつめたアルミニュームの管を、鳩の右の足にとりつけた兵は、しばらく鳩のからだにほおをすりつけて、途中の無事を祈った。小さな伝令使は、胸をふるわせながら、かわいい目で空を見あげていた。

　戦の真最中に、鳩は空高く舞いあがった。二三回、上空に輪をえがいて飛んでいたが、すぐ方向を見定めて、矢のように飛んで行った。

　寒い夕空をものともせず、南東をさして高く飛んでいた鳩は、ふと、たかの一群を見たので、すばやく低空に移った。すると、今度は敵軍に見つけられて、一せい射撃を受けた。

一弾は、鳩の左の足をうばい、一弾は、その腹部をつらぬいた。この重い傷にも屈しないで、鳩はなおしばらく飛び続けていたが、とうとうたまりかねて、とある木の枝に止った。ちょうどその時、附近にいたわが兵士が、これを見つけた。つかまえようとして手をさしのべると、鳩は、また翼をひろげて飛びあがった。飛び去ったあとの木の枝には、かわいそうにも、赤い血がついていた。

弱りきったこの小さな伝令使は、その夜、どこで休んだことであろう。明くる日になって、やっと、大石橋の自分の鳩舎にたどり着いたのである。

大石橋守備隊では、さっそく信書管をとりはずして、手あつくかんごしたが、任務を果して気がゆるんだのか、鳩は、取扱兵の手にだかれたまま、つめたくなってしまった。

十三　川土手

春来たときは
川土手に、
すみれの花が
咲いていた。
　ゆらり　ゆらゆら、春の水、
白い帆かげがうつってた。

夏来たときは
土手の草、
ぼくのせいより
高かった。
　ちらと　のぞいた大川に、
モーターボートが走ってた。

秋来たときは
すすき原、
赤いとんぼが
飛んでいた。
　さやさやさやと　鳴る風に、
　水は底まで澄んでいた。

今は枯草、
川土手を、
寒い北風
吹きまくり、
　ひたひたひたと、川の波、
　あし間の舟に寄って来る。

十四　扇《おうぎ》の的

屋島の合戦に、源氏は陸に陣を取り、平家は海に船を浮かべて、相対せり。折しも、美しくかざりたる船一さう、平家の方よりこぎ出す。見れば、へさきに長き竿を立て、赤き扇をとりつけ、一人の官女、その下に立ちて、陸に向かひてさしまねく。

源氏の大将義経《よしつね》、これを見て、

「かの扇を、射落す者はなきか」

家来の者進み出で、

「那須余一《なすのよいち》と申す者あり。空飛ぶ鳥も、三羽に二羽は、かならず射落すほどの上手なり」

と答へたれば、「それ呼べ」とて、余一を召し出す。

余一は、いくたびかことわりたれども、許されず。心のうちに思ふやう、万一射そんずるな

らば、弓切り折りて自害せんとて、馬にまたがり、海中に乗り入れたり。

　時に風強く、波高ければ、船はゆりあげられ、ゆりさげられ、扇は風にひらめきて、いかなる弓の名人も、ただ一矢にて射落すことは、むつかしと見えたり。

　余一、目を閉ぢ、「あの扇の真中を、射させたまへ」と、しばし神に祈りて見開けば、風やや静まり、扇も少しくおちつきて、射よげに見えたり。ただちに弓に矢をつがへ、ねらひを定めてひようと放つ。

　扇は、かなめぎはを射切られて、空高く舞ひあがり、二度三度、ひらひらとまはりて、さつと海中に落ち入りたり。

　陸には大将義経を始め、源氏の軍勢、馬のくらをたたきて喜びたり。海には平家、ふなばたをたたきて、どつとほめあげたり。

十五　弓流し

義経《よしつね》、馬を海中に乗り入れて、はげしく戦ふ折から、いかなるはずみにか、わきにはさみ持ちたる弓を、海中にとり落したり。

義経は、馬上にうつぶし、むちの先にて、流れ行く弓を、かき寄せ取らんとすれば、敵は、船中より熊手《くまで》をもつて、義経のかぶとに、打ち掛け打ち掛け、引き倒さんとす。

源氏の者ども、

「その弓、捨てたまへ。捨てたまへ」

と口々にいふ。

されども義経は、太刀にて熊手を防ぎ防ぎ、つひに弓を拾ひあげて、陸にのぼる。

「たとへ、金銀にて作りたる弓なりとも、御命には代へがたし」

と申せば、義経笑ひて、

「弓を惜しみたるにはあらず。をぢ為朝《ためとも》の弓のやうならば、わざと落しても与ふべし。弱き弓を取られて、これが義経の弓なりと、あざけらるるは、源氏一門の恥ならずや」

といふ。

源氏の者ども、これを聞きて、「まことの大将かな」と、皆感じあへり。

十六　山のスキー場

ぼくたち四十人は、野田先生と石井先生につれられて、山のスキー場へ行った。

前の日に、こな雪がたくさん降ったので、スキーをするには、ちょうどよかった。

集合地は、村はずれの一本杉のそばであった。ぼくたちは、リュックサックを背負って、スキーをつけ、二本の杖をつきな

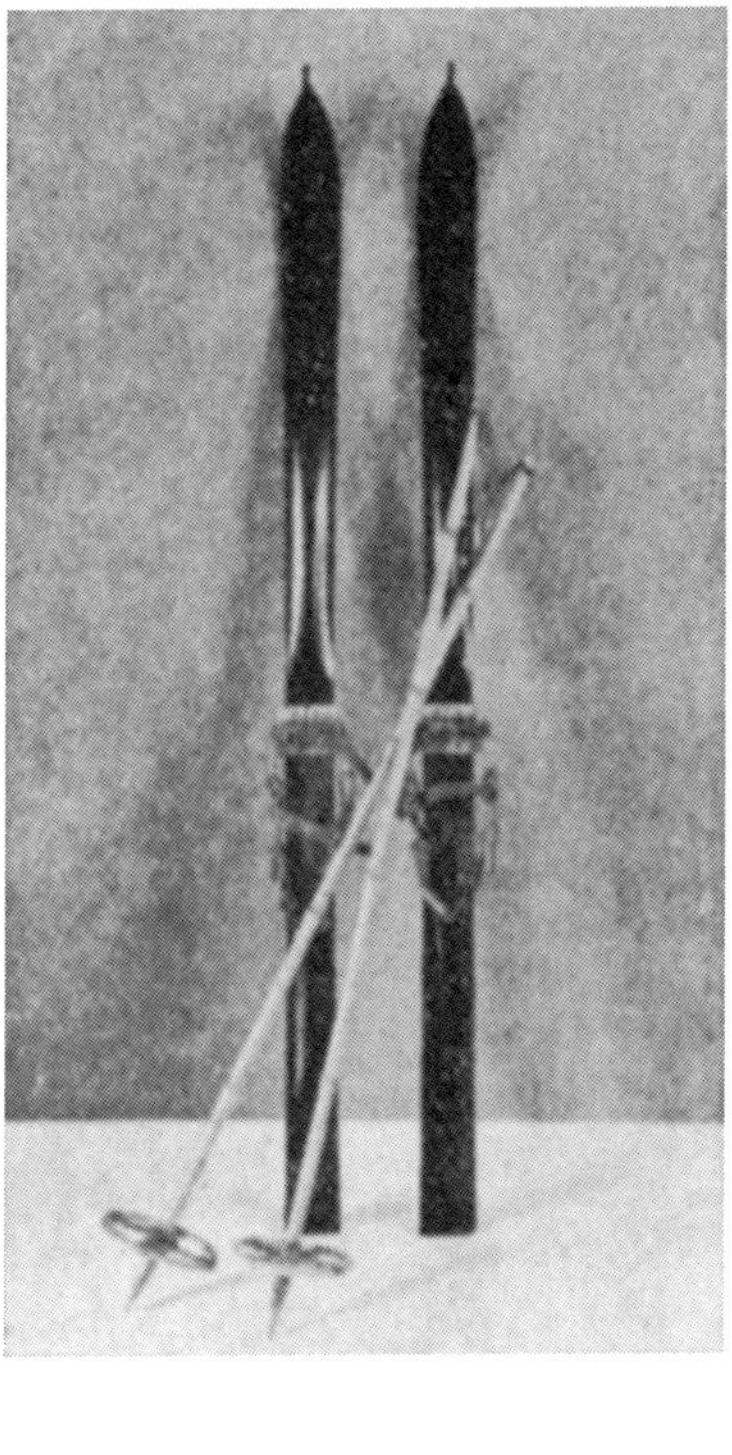

がら、そこへ集った。

「みんなそろったね。さあ、出かけよう」

と、野田先生が先頭に立たれ、石井先生が、みんなのあとから来られた。

初めは二列で進んだが、谷あいでは一列になったので、ずいぶん列が長かった。だんだんのぼり坂になると、からだがほてって汗が出る。みんなだまって、あえぎながらのぼって行った。スキーの雪をすべる音だけが、気持よく聞える。急な坂にかかると、前の方で、野田先生が、

「さあ、元気を出して」

と大きな声を掛けられる。石井先生も、ずっと後の方から、

「しっかりのぼれ」

と叫ばれた。この声にはげまされて、ぼくたちは、一生けんめいにのぼって行った。

松林の中を通って行く時、だれかが、

「やあ、兎、兎」

と大声に叫んだ。見ると、大きな兎が、ちょうど小松の中へ、とび込んだところであった。

「あれがスキー場だ。もう一息」

と、野田先生が杖でさされる方を見ると、なるほどりっぱなスキー場で、ジャンプ台も見える。みんなは喜んで、急に元気を出した。

いよいよ、スキー場に着いた。いかにもすべりよさそうな傾斜が、長く続いている。

「先生、まだすべってはいけませんか」

「先生、もうすべらしてください」

と、みんながいうと、

「待て待て。もう少し上まで行こう」

と、石井先生が、後の方から、追いたてるようにいわれた。

百五十メートルほどのぼった時、ぼくが、

「先生、もういいでしょう」

といった。すると、野田先生が、

「ようし、ここからすべりたい者は、すべってよろしい」

といわれた。

ぼくたち三四人は、列を離れて真一文字にすべりおりた。すばらしい早さに、からだもスキーも一つになって、びゅうとうなる。まるで、空中滑走《かっそう》をしているようだ。

ふもとへ来て急停止すると、ぱっと雪煙が立ち、汗ばんだ顔に、雪のこなが降りかかる。

やがて、十人、二十人、次々にすべり始めた。思い思いに、スキーのあとを雪の上にえがきながら、小鳥のようにおりて来る。途中でころんで、雪だるまになって起きあがる者もある。にこにこ笑いながらおりて来る者、まじめな顔でやって来る者もある。みんなが急停止をすると、雪煙が一度にあがった。

先生は二人とも、まだ上へ上へとのぼって行かれたが、二百五十メートルものぼったところで、杖をあげて、「さあ、おりるよ」という合図をされた。ぼくたちも、みんな杖を振って、それに答えた。

野田先生が先に、すぐ続いて石井先生がすべられる。そのみごとなすべりぶりに見とれていると、先生たちは、もう目の前へ来られた。はげしい制動を掛けられると、もうもうと雪煙が立つ。雪煙が消えて、先生の笑顔が浮かんだ。

それからぼくたちは、のぼって行ってはすべり、おりてはまたのぼった。

ジャンプ台では、上手な人たちが、かわるがわるジャンプをしている。

「おうい、先生も、ジャンプをなさるそうだ」

と、だれかが叫んだ。みんなそこへ行くと、今、石井先生がすべられるところである。たちまち先生のからだは、ちゅうに浮かんだ。両手をひろげて高くとばれる姿は、なんという勇ましさであろう。みんなは、思わず手をたたいた。

今度は、野田先生がとばれる番である。先生は鉢巻をして、すべり出された。すばらしい早さだ。

「えいっ」

掛声といっしょに、先生のからだは、美しくちゅうをとんで行く。

「万歳」と、だれかが叫んだ。

「野田先生」と、だれかが叫んだ。

四十メートルも空中をとんで、先生は、地上の人となられた。

お昼になったので、雪の上で、楽しいおべんとうをたべた。午後は、先生について、一人一人、正しいすべり方を教えていただいた。

帰りは、村までくだり坂の道だ。林をぬって長距離をすべるのは、ほんとうに愉快であった。

十七　広瀬《ひろせ》中佐

とどろくつつ音、
飛び来る弾丸。
荒波あらう
デッキの上に、
　やみを貫ぬく　中佐の叫び、
「杉野はいずこ、杉野はいずや」

船内くまなく
たずぬる三たび、
呼べど答えず、
さがせど見えず。
　船はしだいに　波間に沈み、
　敵弾いよいよ　あたりにしげし。

今はとボートに
移れる中佐、
飛び来る弾に
たちまち失せて、
　旅順港外　うらみぞ深き、
　軍神広瀬と　その名残れど。

十八　大阪

汽車で大阪駅に近づくと、晴れた日でも、空がどんよりとくもったように見えます。それもそのはず、大阪は、煙の都とさえいわれ、大小一万以上の工場がここにあって、林のように立ち並ぶ煙突から、絶えず黒い煙を吐き出しているのです。大阪は、実に日本第一の工業都市で、各種の工業がさかんに行われます。

大阪は、また、昔から商業のさかんなところです。市を貫ぬいて流れる淀《よど》川は、いく筋にも分れて、西の大阪湾に注いでいます。その川水は、市内の何十という堀から堀へ通じ、川と堀とは、まるで網の目のように、組み合っています。それで、大阪は、水の都ともいわれているのです。大阪の港に集って来る船の積荷は、小船で、この川や堀を伝わって、大阪の町々にあげられます。また、大阪の物産も、堀や川を通って港へ送られます。こうして、多くの品物が、自由自在に集ったり、散らばったりするので、しぜん大阪が、一大商業都市として発達したのです。

水の都ですから、大阪には、大小千何百という橋があります。大阪駅から南へ、御堂筋という大通を進むと、やがて大江《おおえ》橋を渡って、中之島《なかのしま》というところへ来ます。それは、淀川の中にある細長い島ですが、この島に向かって、北から南からかけ渡された橋ばかりでも、二十もあっ

て、まるで中之島を、たくさんの串《くし》でさし通したようになっています。

中之島や、その附近には、高い建物が並び、島の東の端には、中之島公園があります。公園は、そう広くはありませんが、大川をめぐらした眺めは、いかにも大阪らしいけしきです。

いちばんにぎやかな場所は、市の中央の、道頓《どうとん》堀附近の町々です。心斎《しんさい》橋筋には、りっぱな商店が並び、堀ばたの町には、映画館や劇場があって、人の波が、あとからあとから押し寄せます。

名所としては、まず大阪城があります。豊臣秀吉《とよとみひでよし》の建てた城で、近年復興された天守閣《てんしゅかく》にのぼると、大阪が一目に見えます。石垣の石の大きいのは有名ですが、中でも縦六メートル、横十一メートルというすばらしく大きな石には、だれでもびっくりさせられます。

城を出ると、堀ばたの広場に、教育塔がそびえて、白い姿を、くっきりと大空に現しています。

仁徳《にんとく》天皇をおまつりしてある高津宮《こうづのみや》や、その近くにある生国魂《いくだま》神社、ずっと南にある住吉《すみよし》神社、また、日本最初の寺といわれる四天王寺など、みんな古いいわれのある神社やお寺です。ことに住吉神社は、境内《けいだい》が広く、社殿がおごそかに拝まれます。四天王寺に近い天王寺公園に

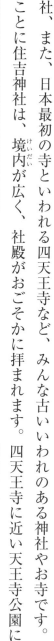

は、美術館や動物園があり、また、木立や、池や、運動場や、広い花壇《かだん》などがあります。

大阪港は、防波堤が遠く続き、港内の岸壁には、一万トン級の汽船が横づけになります。大小の船の帆柱が、林のように見えます。

市内には、自動車が走り、電車が走り、地下鉄道も通じていますが、川や堀に、何千という船が通っているのは、大阪でなくては見られないけしきです。郊外《こうがい》電車の発達しているることも、飛行場のあることも、大阪のほこりの一つになっています。

昔、仁徳天皇は、この地に都をお定めになって、堀江をお開きになり、また、六年間の税を免じて、民のかまどの煙の立つようになったのを、たいそうお喜びになりました。大阪が、水の都として発達し、また、煙の都と呼ばれて、今日のような大都会となったのは、まことに、尊いいわれがあるといわなければなりません。

十九　大砲のできるまで

飛行機を撃ち落す高射砲、戦車の厚い鋼鉄の板を射抜く対戦車砲、馬や牽引車《けんいんしゃ》で引いて行く野砲や、重砲――こうしたいろいろな大砲は、どういうふうにして、こしらえられるでしょう。みなさん、考えてみたことがありますか。

大砲を作る工場へ行ってみると、大きな電気仕掛の釜の中で、白熱された鉄が、どろどろにとけています。その鉄を、大砲の形とは似ても似つかない、いがたへ流し込みます。

いがたから取り出された、大きな鉄のかたまりは、もう一度真赤に焼かれます。それを大きな鉄の槌《つち》が、ごとん、ごとんと地響きをたてながら、臼《うす》のようにつぶしたり、棒のように延したりして、十分にきたえます。まるで、つきたての餅を、手でまるくしたり、長くしたりするのと同じように、大きな機械が、思うままに、鉄のかたまりを手玉に取っているのです。

こうして、きたえにきたえるのですが、それだけではまだ足りません。長い柱のように延されたこの鉄が、今度は起重機につられながら、せいの高い大きな炉《ろ》へ入れられて、高い温度で熱せられます。鉄の柱は、熱い炉の中で、じっとがまんをしているのです。

やがて、炉のとびらがあいて、中から、真赤に焼かれた鉄の火柱が、起重機でつられたまま、そろそろと外へ出て来ます。おやと思っている間に、動いていた鉄の火柱が、静かに止ります。止ったとたん、するすると下の方へおりて来て、深さが十メートルもあるような、深い油の桶《おけ》の中へ、真赤なからだを沈めにかかります。黒々と光っていた油の表面からは、一時に、ぱっとほのおがもえあがり、真赤な鉄の柱は、そのほのおの中を、下へ下へと沈んで行きます。

このように、打ったり、熱したり、冷したりして、鉄の質を固くし、強くします。そうしなければ、あの力の強い火薬を一時に爆発させて、大きな砲弾を撃ち出すような、がんじょうな大砲にはならないのです。それは、ちょうどみなさんが、暑さや寒さにうち勝って、からだや

心をきたえて行くのと、同じことなのです。

こうしてきたえられた鉄の柱は、今度は機械に掛けられて、外側をまるくけずられて行きます。黒くて、ざらざらしている表面が、しだいにはぎ取られて行くと、始めて、あの鋼鉄の白い光が、かがやき始めます。その機械のそばには、高等科を卒業して二三年ぐらいの、若い職工さんもいて、油をさしたり、けずられて行く砲身のまるみを計ったり、こまかな注意をしながら、熱心に働いています。

外側がきれいにけずられて、砲身の長さと、まるみとが、きちんとそろって来ると、次には、砲弾を撃ち出す通路が、切り抜かれるのです。

まるい鋼鉄の棒の先についている、するどい刃物が、ぐるぐるまわりながらやって来る砲身の中へ、ぐいぐいとくい入って行きます。一センチ、二センチと、固い砲身に穴があけられて行きます。ほんの少しでも、あけ方がくるうと、大砲の役目を果すことができないので、職工さんは、張りつめた気持で、機械が運転するのを、じっと見つめています。

こうした仕事がもう一度くり返されると、砲身の中には、きらきらと鏡のようにかがやいた、砲弾の通る路ができあがります。

このように、いろいろな仕事を重ねて、やっと一本の砲身ができあがるのです。

しかし、砲身ができただけでは、まだ、大砲がすっかりできあがったとはいえません。この砲身をのせる、鋼鉄で作った台もいります。砲弾を込めて撃ち出す時、砲身の根もとを固くふさぐものも必要です。それらも、やはり同じ工場で、受持受持によって作られます。作られたものは、最後に、職工さんたちの力強い手で、だんだん組み立てられて行きます。

しあげを終ると、高射砲は、まるい鉄の台の上で、砲身を空へ向け、今にも飛行機を撃ち落しそうなかっこうになります。ゴムの車輪の上にとりつけられた、小がたの対戦車砲は、どんなに早く走る戦車でも、どんどん撃ちまくるような身がまえになります。野砲も、重砲も、ずらりと大きなからだを横たえて、さあ、いつでもお役にたつぞと、どっかり身がまえるようになります。

こうして、いろいろな大砲が、どしどし作られて、日本の国をしっかり守ってくれるのです。

二十　振子時計

イタリアのピサの町に、夕もやがこめて、日が静かに落ちて行くころでした。ガリレオという学生が、この町の有名な大寺院へ、お参りをしました。寺院の中は、もう、うす暗くなっていました。ちょうど今、番人が、ランプに火をつけたばかりのところでした。

天井からつるしてある、この大きなランプが、ふと、ガリレオの心をとらえました。

「おや」

と思いながら、そこに立ち止って、じっと見つめました。

つるしたランプは、静かに左右へ動いています。それは、つい今しがた、番人が火をつけるために、手でさわったからです。ガリレオがふしぎに思ったのは、そのランプの動き方でした。左から右へ、右から左へ、行ったり来たりするのに、その一回一回の時間が、どうやら同じであるように思われてなりません。

「何かで、験してみる方法はなかろうか」

しばらく考えていたガリレオは、やがて、自分の脈を取ってみました。やっぱりそうでした。ランプが一回動くのに、脈が二つ打つと、次の動きにも、脈は二つ打ちます。おどろいたことには、ランプの動きがしだいに小さくなって、のちにはかすかにゆれるだけですが、それでも一回の動きに、やはり脈は二つ打つというぐあいでした。

ガリレオは、急いでうちへ帰りました。そうして、糸でおもりをつるして、同じようなことを、何べんとなくやってみました。

おもりを糸でつるして、それを動かすと、おもりは左右へ振ります。その糸を短くすれば、振り方が早く、長くすれば、振り方がおそくなります。しかし、糸の長さを、一メートルなら一メートルにきめておくと、おもりそのものは重くても軽くても、また、大きく動かしても小さく動かしても、振る時間は同じです。

十八歳の学生ガリレオは、このことを発見したのでした。それは、今から三百六十年ばかり昔のことです。

この発見があってから、七十年余り過ぎて、オランダのホイヘンスという人が、今までにない正確な時計を発明しました。それは、まったくガリレオの、この発見を応用したものです。つまり、時計の機械に、振子を仕組んだもので、これが振子時計の始りです。

二十一　水族館

にいさんといっしょに、水族館へ行きました。入口のそばに池があって、そこに、甲の長さが一メートルもある「うみがめ」が泳いでいるのには、ちょっとびっくりしました。

中へはいって、まず目についたのは、室の窓ぎわに、いくつか並んでいるガラスの箱でした。きれいな海の水が、こまかいあわをたてながら、どの箱にも注いでいます。そうして、赤や、黄や、みどりの、何ともいえないほど美しいものが、その中にはいっていました。ぼくは思わず、

「きれいだなあ。何の花ですか、にいさん」

といいますと、

「ほんとうにきれいだね。でも、花じゃない。みんな海にいる動物だよ」

と、にいさんがいいました。

すきとおるようなみどり色で、菊の花のように美しい形をしたのは、「いそぎんちゃく」でありました。

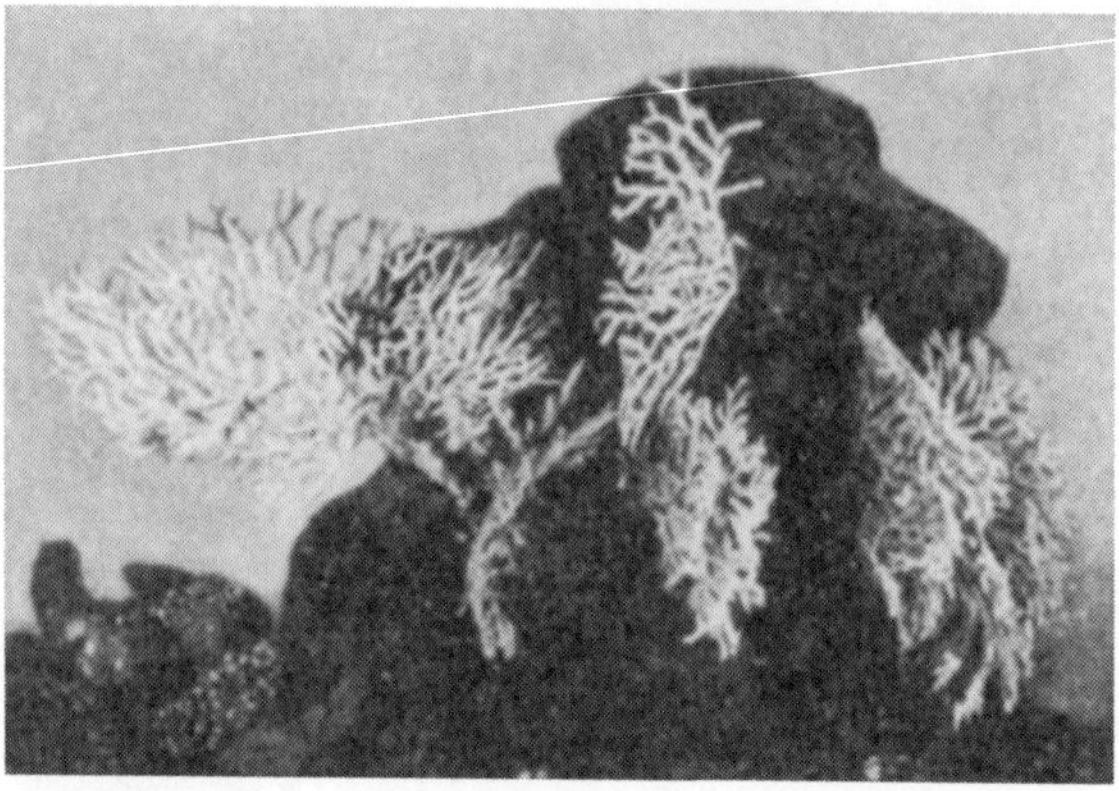

ひのきの葉のような形で、黄色やえび茶色をしているのは、「いそばな」でありました。

小さなきんせんかが、むらがって咲いているようなのは、「いぼやぎ」でありました。

「くらげ」もいました。すきとおった寒天のようなからだから、腕が何本も出ています。ときどき、からだをしぼるようにして、すいすいと浮きあがります。

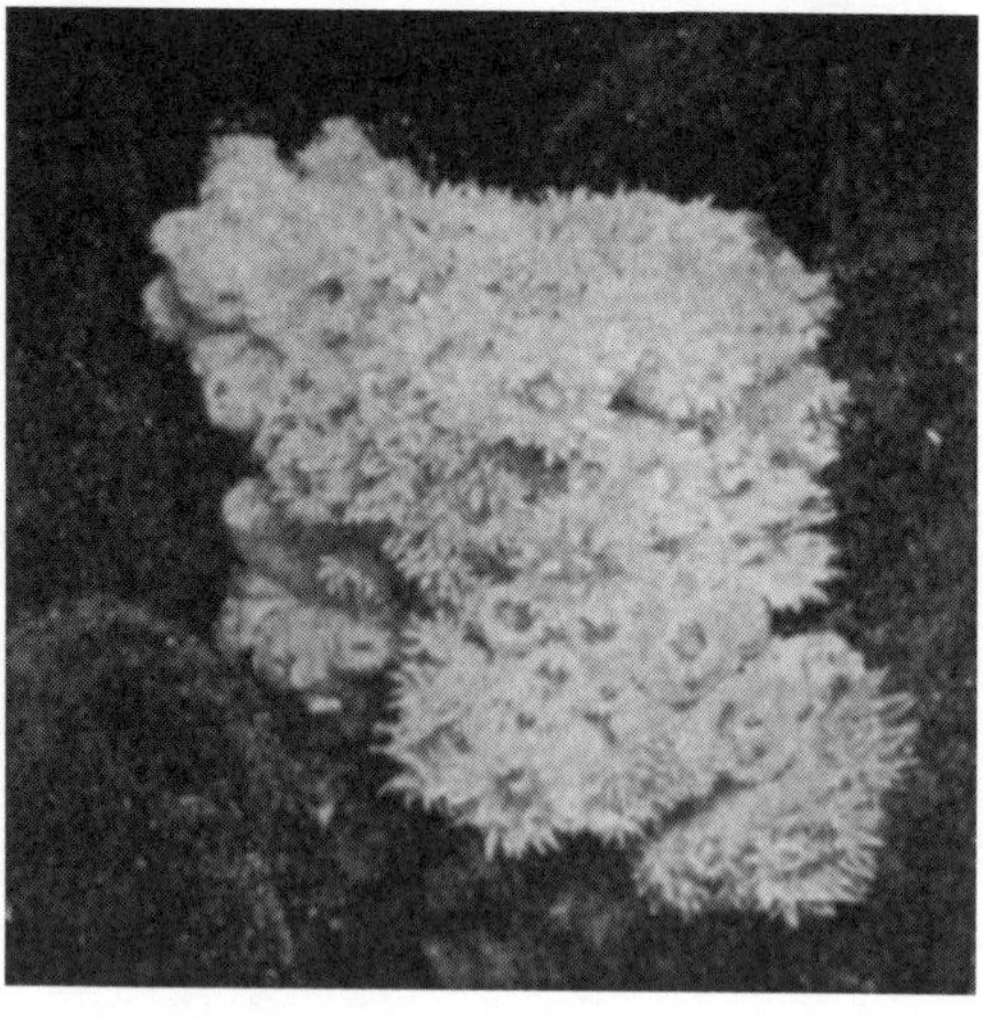

「ああしてからだをしぼると、中の水が勢よく下へ出る。その反動で、くらげは運動するのだ」と、にいさんがいいました。

この室の中央に、直径五メートルぐらいの、まるい池があって、中に、たくさんの「いわし」が泳いでいました。二千匹はいるだろうと、にいさんがいいました。このたくさんの「いわし」

が、池のふちにそって、みんな同じ方向へ泳いで行きます。一匹として、反対の方向へ進むものはありません。

「みんな、同じ方へ向かって泳いでいますね」

「そうだ。そうして、よくごらん。外側をまわっているものも、内側をまわっているものも、そろって同時に進んでいるだろう。つまり、外側のものは、大急ぎで進んでいる、内側のものは、ゆっくり動いている。それで、ちょうど内側も外側も、そろって進めるのだ」

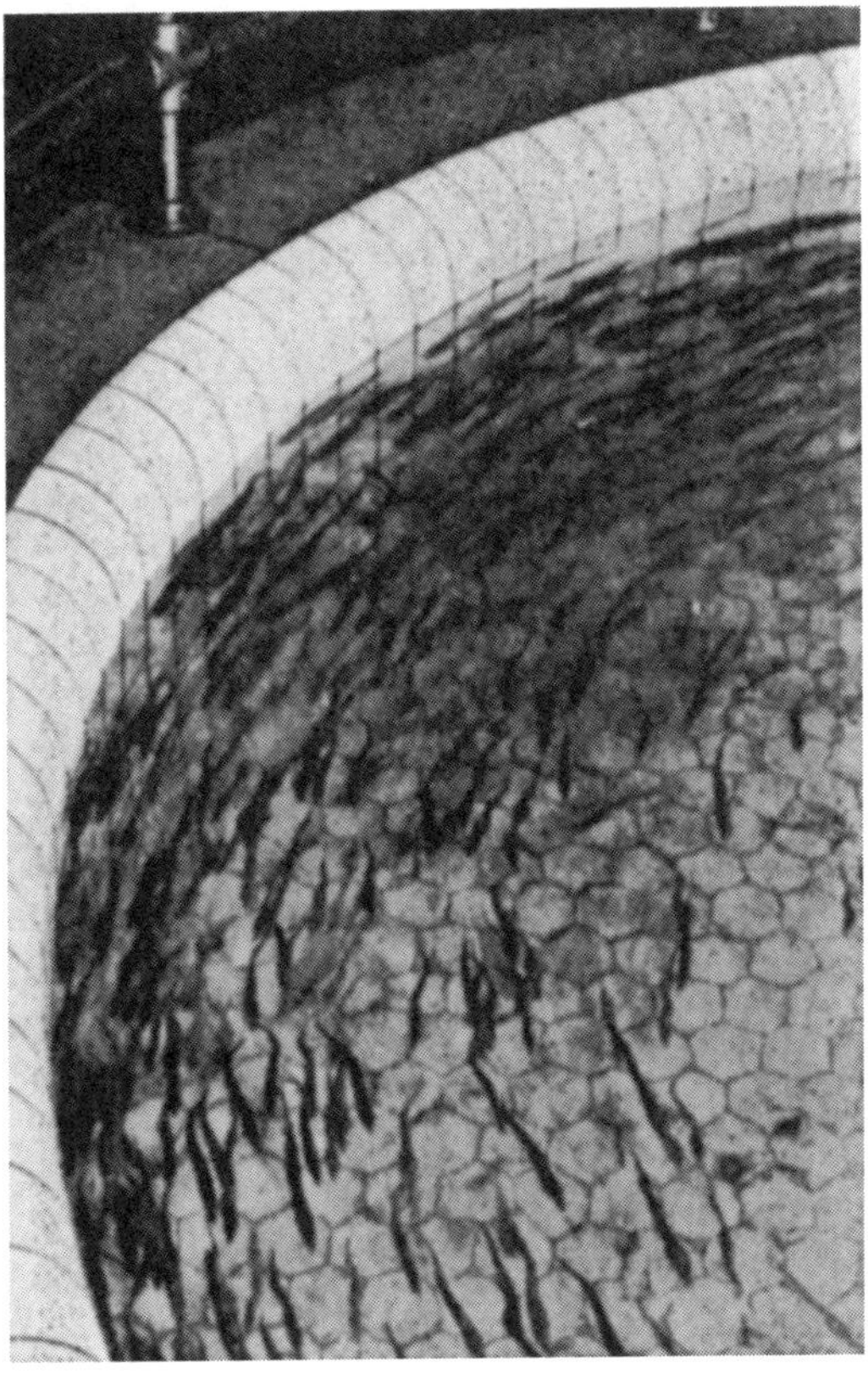

次の室には、ガラスを張った、大きな窓のようなものが、順々に並んでいて、そのガラス越しに、いろいろの魚のいるのが見られました。「鯛」もいました。「あじ」もいました。「かれい」「たこ」、そのほか名前を始めて聞く魚が、たくさんいました。

「鯛」は、なんといっても堂々としています。五六十センチもあるのが、ゆうゆうと泳いで、ほかの魚などには、目もくれないといったふうです。光線のぐあいで、せなかのあたりが、点々と空色に光るのが、ほんとうにきれいだと思いました。

「あじ」は、水の中にいると、なかなか気のきいた魚です。胸びれをすっと左右に張り、背びれ・しりびれを上下に張って進むかっこうは、さかな屋の店先で見るのとは、まるでちがった感じです。軽快な戦闘《せんとう》機といったようすです。

それと似て、少し変ったのが「ほうぼう」です。高いところから低いところへおりる時、その胸びれは扇《おうぎ》のようにひろがります。ちょうど、グライダーが空中をすべるように、手ぎわよく水を切って、おりて来ます。下へおりると、胸のところに足のようなものがあって、のこのこ歩くのにはおどろきました。

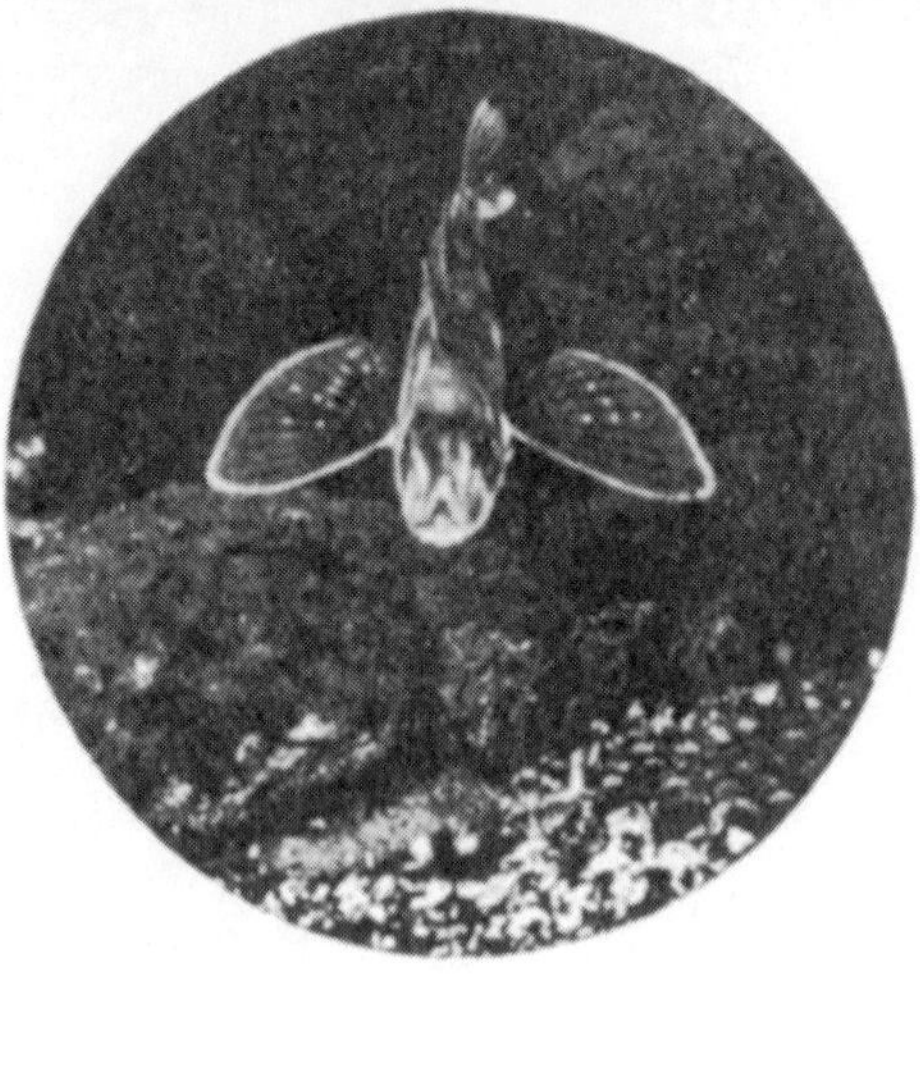

「かれい」は、平たいからだをくねらせて泳ぎます。ほかの魚は、腹を下にし、背を上にして泳ぎますが、「かれい」は、いつでもからだを横にしたまま、くねって行きます。おもしろいのは、「かれい」が、砂の中にもぐっているようすです。その平たいからだに、ちょっと砂をかぶると、上から見ても、どこにいるのか見当がつきません。よくよく見ると、二つの目だけを砂の間から出して、きょろりきょろりと目だまを動かしながら、外を眺めています。

「たこ」は、変った活動をします。岩や砂の上を歩く時は、八本の長い足を上手にくねらせ、頭を横に傾けて進みます。にいさんの説明によると、「たこ」というものは妙なもので、あの頭といっている部分が実は胴で、頭は足のつけ根のところにあるのだそうです。

「だから、歩く時、ああいうふうに頭が傾いて、へんなかっこうに見えるが、あれは胴なのだから仕方がない」

そのうちに、「たこ」が泳ぎ始めました。八本の足を一つにそろえ、胴を先頭に、まるで矢のように進みます。こ

れが、「いか」だともっとすばらしいそうです。

「たかあしがに」という、大きなかにがいました。左右の足をいっぱいに延したら、三メートルぐらいはあるでしょう。足の長い割合に、甲は小さいのですが、おもしろいのは、その口のところです。そこには、いろいろこみ入った道具がついていますが、その上のところに、小さな触角《しょっかく》があって、それが、ちょうど人形のかわいらしい両手を思わせます。しかも、その手は、ピアノでもひくように、絶えず動いています。

「かには、ピアノの先生ですね」

と、ぼくがいうと、にいさんは、

「それよりも、タイピストさ」

と、いったので、二人とも思わずふきだしてしまいました。

二十二　母の日

朝、目がさめたのは、五時過ぎであった。ねえさんも起きるところであった。ねえさんが、

「そうっと、静かにお仕事をしましょうね。一郎さんは、もう少したってから起しましょう」

といったので、私は、音のしないように起きて、着物を着かえた。こんなに早く起きることはめったにないので、部屋の中が、いつもとは違っているように思われた。

ねえさんは、すぐに御飯をたき始めた。私は、飯台を出してふいたり、みんなのお茶わんや、おはしや、おわんを並べたりした。それから一郎さんを起しに行くと、

「ねむいな」

と大きな声を出した。

「一郎さん、ゆうべのお約束よ。さ、静かに起きましょうね」

というと、

「ああ、そうだった」

といいながら、目をこすって起きた。水で、じゃぶじゃぶ顔を洗ってから、

「ぼくは、庭はきをするのでしたね」

と、一郎さんは、ほうきを持って、外へ出て行った。

「ずいぶん寒いな」

そんなことをいって、庭をはき始めた。

みんなが、いっしょに働いたので、朝の支度はすぐできあがった。

「もうじき六時ね。今日はお祝いの日ですから、何か花をかざりたいものですね」

とねえさんがいった。庭へ出て見ると、つばきが一りん咲きそうになっていた。それを折って来ると、ねえさんが、

「きれいなつばきね。おかあさんのおすきな花だから、ちょうどいいでしょう」

といって、一りんざしにさして、飯台の上にかざった。

そこへおかあさんが起きていらっしゃって、みんなのいるのをごらんになって、びっくりなさった。

「まあ、けさはどうしたのです、こんなに早く起きて――それに、朝御飯の支度もちゃんとできて」

一郎さんが、

「今日は母の日ですから、おかあさんのお手伝いをしたのです」

といったので、おかあさんも、やっとおわかりになった。

御飯の時、おかあさんが、おとうさんに、

「けさは、子どもたちが早く起きて、朝御飯の支度からお庭のそうじまで、私の知らないうちに、すっかりしてくれたのですよ」

とおっしゃると、

「それは、えらい。感心なことだ」

とおほめになった。

その夜、みんなが集っている時、一郎さんが、お座敷の真中に立って、

「ただ今から、母の日のお祝いをいたします。初めに、ぼくが綴り方を読みます」

といって、綴り方を読んだ。題は、「ぼくのおかあさん」というのであった。

私は国語の「万寿姫《まんじゅのひめ》」を読んだ。それからねえさんは、「母」という唱歌を歌った。一郎さんがまた立って、

「おしまいに、おかあさんに記念品をさしあげます」

といったので、おかあさんは、

「何をいただくのでしょう」

とにこにこなさった。

一郎さんが、一枚の絵をさしあげた。

「おやおや、おかあさんをかいてくれましたね。これはありがとう。一郎さん」

次に、私が、自分でこしらえた前掛をあげた。おかあさんは、それをちょっとお当てになって、

「よく似あいますね。かわいいぬいとりだこと」

とおっしゃった。最後にねえさんは、ひもであんだきれいな買物袋をさしあげた。

「これは、いいものをもらいました。毎日の買物に持って行きましょう」

と、うれしそうにおっしゃって、おとうさんにお見せになった。

おとうさんは、

「これはこれは。今日はいい日だったね」

と、おかあさんにおっしゃった。

二十三　防空監視哨《かんししょう》

「あの山の上の人かげは」
と、あなたがたは思うでしょう。それが、
いつも、ここに、
こうして立っている私たちなのです。

雨の日、風の夜、

夏の太陽がやけつくようなまひる時、
冬の颪が骨をさしとおす朝――いつでも、
ここに、こうして立っているのです。

冬がすんで、
また、明かるい春が来ました。
水のように澄んだ空を、
雲が、真綿を散らしたように飛んでいます。

この大空の
はてのはてまで、私たちは、
からだ中を目にし、からだ中を耳にして、
じっと、にらみ渡しているのです。

今にも、もし、空のどこかに、
かすかなうなり声が聞え、

飛ぶ虫の群のように、飛行機が見えたら、
私たちの全神経が、いなずまのように動きます。

現れた時刻、方向、
敵か、みかたか。何型が何十機。
飛んでいる高さは、方向は。
私はすぐ電話に向かって、こう叫びます。

「五番、春山監視哨、
三十七分、北、
敵、中型、三十、
三千、南東。おわりっ」

二十四　早春の満洲

三月の声を聞くと、満洲でも、春らしい日光がさして来ます。

あちらこちらの、スケート場の氷もとけて、もうすべることはできなくなります。

子どもたちは、「また冬が来るまで、さようなら」という気持で、スケートの手入れをして、ちゃんとしまっておきます。スケート遊びと別れるのはいやですが、春の来ることは、子どもたちには、大きな喜びです。

春が、ほんとうにやって来るまでには、思いがけないきびしい寒さが、二三度ぶり返したり、蒙古《もうこ》風が、ひと吹きふた吹き吹いたりしなければなりません。蒙古風というのは、蒙古の奥から吹き起って大陸を吹き渡り、海を越えて、日本から太平洋まで吹いて行く大きな風です。黄色な砂ほこりを運んで来るので、これが吹く日は、天も地も、暗く

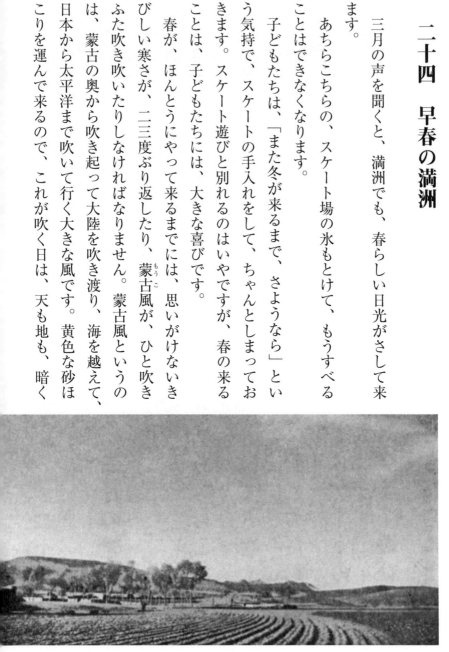

なってしまいます。

冬中おせわになっていただんろや、ペチカや、オンドルなどともお別れです。どこの家でも、今までは石炭をたくので、ばいえんが空をよごしていました。それが、一度蒙古風が吹き通ると、すっかりよごれが払われてしまって、きれいな青空が、光るように、地のはてまでひろがります。

寒さを防ぐために、しめてあった二重窓が開かれます。窓という窓が、すっかり開かれるので、部屋の中のにごった空気が出て行って、きれいな空気が、流れるようにはいって来ます。窓のそばに、鳥かごがつるし出され、鉢植の草花が持ち出され、子どもたちの顔が並びます。明かるい日光が、小鳥の羽に、草花の葉に、子どものほおに降り注ぎます。みんなは、ただうれしいのです。長い間、閉じ込められていた人たちにとっては、春は、うれしいだけではありません、ありがたいのです。

いちばん早く花をつけるのは、れんぎょうです。れんぎょ

うの花は、真黄色で、枝一面につきます。まだ葉が出ないうちに咲くのですから、花の色で、その辺が、ぱっと明かるくなるほどです。れんぎょうの咲いたそばに、子どもがよく集って来ます。

満人が、外に鳥かごを持ち出して来て、鳥を鳴かせ始めます。鳥は満洲ひばりです。久しぶりに広い空を見、澄んだ空気を吸って、満洲ひばりは、さもうれしそうにさえずります。満人は、その声に聞きとれて、そばにしゃがんだり、腰掛けたりして、いつまでも聞いています。

やなぎの木が、ほかの木よりも早く目をさまします。みどりがかったこずえを延してせいのびをし、小さな芽をつけ始めます。遠くから、やなぎの並木を見ると、うすみどりにかすんで見えます。

このころ、夕やけの空を、日が落ちて行くのは、みごとなものです。その大きなこと、何といったらいいでしょうか、ふたかかえもありそうな大きな夕日です。見渡すかぎり平な地平線に、大きな夕日が赤々とはいって行きます。

こうして、一日一日と、のどかな春になって行くとともに、春のいそがしい仕事が始って行きます。

雁《がん》の群が、シベリアの野山に卵を生もうとして、さかんに空を渡って行きます。日本から来て、玄海《げんかい》なだを越え、満洲から、もっともっと北をめざして、飛んで行きます。

かささぎは、巣《す》を作ろうとして、あちらこちら飛びまわります。かささぎは、毎年新しい巣を作って、ひな鳥を育てるのです。

農夫たちは、広い、広い畠を耕し始めます。すっかり耕した畠に、大豆や、こうりゃんなどの種をまくころは、もう満洲の春が深くなっています。

用語説明

1-1 さか木《き》　神事に用いる植物
かずら　つる草
1-2 うやうやしく　礼儀正しく
かつお木《ぎ》　神社の屋根に平行して並べた部材
千木《ちぎ》　神社の屋根の両端で交叉させた部材
1-17 帆前船《ほまえせん》　洋式帆船
1-22 甲号功章　軍犬、軍馬、軍鳩の名誉ある功績を称える、最上級の勲章に相当するもの
2-3 おかぐら　神に奉納するために奏される歌舞
2-5 さだめて　きっと
2-6 こも　マコモで織った筵《むしろ》
2-13 半鐘《はんしょう》　火の見櫓の上などに吊した小型の釣鐘
2-14 てずから　みずから
2-24 ときわ木　常緑樹
まん幕　軍陣などで張り巡らす、横に長い幕
3-3 かいがいしく　手ぎわよく、てきぱきと
平げよ　平定せよ
おなぐさみ　その場の楽しみ
3-6 たまわる　ちょうだいする
3-7 くれ打ち　鋤《すき》でおこした土の塊をくだく作業
まぐわ　牛馬が引く農具で水田の土をかきならすもの
3-8 のりと　神道の儀式で神に奏上する言葉
玉ぐし　神前にささげる、紙・布の垂《しで》をつけた榊《さかき》の小枝
3-11 上屋《うわや》　港の荷さばき用倉庫
3-12 丈《じょう》　十尺(約三メートル)
3-16 おりしけ　左膝を立てて胡坐《あぐら》をかけという命令
斥候《せっこう》　小人数の偵察部隊
3-23 碍子《がいし》　電線を支え、電流を絶縁する器具
3-24 末次船　御朱印船の一つ
だんぱん　揉め事に決着をつけるための交渉

4-2 **矢もたてもたまらず**　ある事をしたいという気持ちが抑えられず
わけても　とりわけ
4-3 **カンナ**　熱帯アメリカ原産の毎年花を咲かせる多年草
4-4 **明治節**　十一月三日、明治天皇の誕生日で祝日
忠霊塔　戦没者の霊を祀った塔
表忠塔　日露戦争後、白玉山に建てられた忠霊塔
4-5 **御召艦**《おめしかん》　皇族がお乗りになる艦船
分列式　各部隊が隊形を整え順に行進、受礼者の前で規定の敬礼をするもの
4-6 **町**　約百九メートル
ときの声　士気を鼓舞するために大勢で叫ぶ声
さしもに　あれほどに
4-7 **思ふやう**　思うところ
4-15 **感じあへり**　感心しあった
4-24 **ペチカ**　ロシアの暖炉兼オーブン
聞きとれて　うっとりして聞いて

『［復刻版］初等科国語［中学年版］』解説

美しい日本の復刻

葛城《かつらぎ》奈海《なみ》（ジャーナリスト）

本書は、昭和十七年に発行された文部省著『初等科国語』一～四を底本としている。戦中の三年生・四年生用の国語の教科書だが、日本人としてふまえておきたい大切なことが、やさしい言葉に濃縮されて詰まっている。

「日本人としてふまえておきたい大切なこと」の多くは、戦後教育では意図的に消し去られただけに、現代人は、本書を通じて明らかになるその内容に驚くであろう。内容を大まかにテーマ別に分けると、神話、偉人伝、神社、祝祭日、兵隊さん、尚武の精神、親孝行、自然、生き物との関わり、科学的思考といったところだろうか。通底しているのは、優しさだ。

例えば、戦前戦中の日本は、イケイケドンドンの軍国主義で、軍人、特に上官はふんぞり返り、国民や兵卒を圧迫したと、戦後教育では教わった。しかし、その印象とはまったく違う軍人像や国民との心温まる関係が描かれる。その国民には、当時「日本」であった朝鮮や台湾の人々も含まれていた。

●日本人としてふまえておきたい大切なこと

まず挙げられるのは、「神話」だろう。

三年生の最初は、天照大神がお隠れになり、真っ暗になってしまった世の中に神々が力を合わせて光を取り戻すまでを描いた「天の岩屋」から始まる。娘を食べてしまう大蛇をすさのおのみことが退治し、その尾から剣を取り出す「八岐のおろち」、一寸法師として知られる「少彦名神《すくなひこなのかみ》」、天照大神から鏡、玉、剣を受け取って高天原から地上へと下られた皇孫「ににぎのみこと」、兄神から借りた釣り針を魚に取られて困っていた弟神を、海の神が助ける「つりばりの行くえ」、熊野で軍勢とともに困っていた神武天皇をたけみかづちの神が剣を授けて助ける「神の剣」、熊襲《くまそ》を討ち、草薙剣《くさなぎのつるぎ》で東の悪者も平定した「日本武尊《やまとたけるのみこと》」。いずれも、日本人であれば必ず知っておきたい神話が、想像力をかきたてる挿絵を添えて、わくわくするような筆致で描かれている。

次いで、偉人伝。

といっても、「聖徳太子」「菅原道真」「東郷元帥」「広瀬中佐」といったいわゆる「有名人」ばかりでなく、名もなき人のエピソードの数々も深く心に刻まれる。朝鮮から日本へ渡って来た人の子孫ながら、だれにも負けない天皇への忠義心を持っていた「田道間守《たじまもり》」、大地震で大けがをした台湾の公学校三年生が日本人であることの誇りを胸に亡くなる「君が代少年」は、物語の内容そのものへの感動とともに、朝鮮や台湾と強く手を取り合っていこうという心をも育む。また、お寺の小僧になって間もなかった「雪舟」が、ちっともお経を覚えず、本堂の柱にくくりつけられる話などは、日本を代表する水墨画家を身近に感じさせると同時に、「笛の名人」とともに、芸術の力が人の心を動かすことを教えるだろう。

三つ目に、神社。

数ある神社の中で日本人にとってもっとも中心的な存在である伊勢の神宮の外宮《げくう》・内宮《ないくう》をお参りする様子が三年生の「参宮だより」で、四年生では桜咲く九段のお社「靖国神社」の参拝が描かれる。特に、「靖国神社」は、同学年の『修身』の教科書にも登場することから、国のために戦って亡くなった方々への感謝と尊敬の気持ちが、相乗効果で培われたであろうことは想像に難くない。

四つ目に、祝祭日。

天皇陛下のお誕生日である天長節が、「光は空から」で喜びいっぱいの詩に表される。地域共同体にとって欠かせない氏神様のお祭りについても、まず「祭に招く」という手紙のやりとりで期待を膨らませ、つづく「村祭」でご存じの唱歌が登場。「村のちんじゅの神様の、今日は、めでたいお祭り日」と詞を読めば、思わず歌が口をついて出る。学校の講堂を立てるにあたっての「地鎮祭」では、「新しく家が立つ土地の神様に申しあげて、その家を、いつまでも守っていただくように、お祭りをするだいじな儀式だ」とその意義を教える。

五つ目に、兵隊さん。

「支那の春」は、いわゆる戦後教育を受けてきた現代人には、驚くべき内容だ。日本の兵隊さんが休んでいる川べりに、支那の子ども数人が豚や羊とともにやってきてじゃれ、お菓子を食べながら、兵隊さんに教えてもらった「愛国行進曲」を歌う。「寒い冬は、もうすっかり、どこかへ行ってしまいました。静かな、明かるい、支那の春です」という結びは、平和の訪れを示唆しているようだ。

三年生の「いもん袋」では、寒い冬に戦地の兵隊さんを慮《おもんぱか》って送ったいもん袋に対して、お礼の手紙が届く。手紙には、演習をすませて帰った兵隊さんが兵舎でいもん袋を受け取り、飛び上がって喜んだこと、かき餅、干柿、栗に久々に内地のにおいをかぎ、郷土の味をみんなでいただいたなどと心温まるやりとりがつづく。

四年生の「兵営だより」では一歩進み、起床ラッパから始まる軍隊での生活が紹介される。「よくせいとんがしてありますから、いざという場合には、暗がりでも、すぐ武装することができます」は、私が陸上自衛隊の予備自衛官補の訓練で学んだことでもある。ロッカーの中のどこに何を置くかまで決められているのは、仮に本人が怪我や病気で荷物を取りに帰れなくなっても、仲間が迷わずにものを持ち出せるように。そう聞いた時には感嘆したものだが、それを四年生で学んでいたことに舌を巻いた。「兵営は、いわば一つの大きな家庭で、中隊長殿を始め、上官のかたがたは、ぼくらを、自分の弟か子のようにしんせつにしてくださいます」ともある。現代のドラマや映画では、軍隊の上官は威張り腐った態度で描かれることが多いが、なんと対照的なことだろう。

私自身、もっとも衝撃的だったのは、「大演習」だ。演習を済ませた兵隊さんが、「私の家にもとまるというので、急いで学校から帰ってきました」とある。演習を終えた兵隊たちが民泊していたことを、恥ずかしながら、私も本書で初めて知った。お風呂を頂いて「生き返ったようだ」という兵隊さんに、銃や剣を見せてもらって大喜びする子どもたち、夕飯の支度をするお母さん、新しい兵器の話に感心するお父さんの姿が生き生きと描かれ、最後は「万歳、万歳」と見送っている。軍と民の一体ぶりに、感じ入った。

一体ぶりといえば、六つ目に、皇室と国民の一体ぶりを挙げたい。

同じく、「大演習」では、「風当りの強い高地であるのに、陛下は外とうをも召されず、熱心に戦況をごらんになっていらっしゃいます。それを拝した時、私たちは、何ともいえない感じがして、目が涙でいっぱいになりました」とある。同様に、奈良のせやく院で自ら病人のお世話をする「光明皇后《こうみょう》」に感謝する国民の姿は、いつも国民に寄り添おうとする皇室と国民との絆の深さを教えてくれる。

だからこそ、天皇旗をマストに仰ぐ「観艦式」では、「天皇旗、ああ、天皇旗。（中略）御召艦ははるばると、艦列をぬって進む」と天皇陛下を迎えて威風堂々と行われる観艦式に誇らしさがにじみ出るのだろう。

七つ目に、尚武の精神だ。

海の記念日に行われる海軍の「カッターの競争」では、軍人たちの力強さを伝え、潜水艦の艦長が甥っこに語りける「潜水艦」では、「乗組員に、勇気とおちつきがたいせつだ。こうした勇気やおちつきは、子どもの時から、きたえるようにしなければならない」と精神面の大切さを説く。「南洋」では、「あたり一面に、ぱっと白い花をまき散らしたよう」にという美しい描写とともに、スマトラの空から舞い降りる無数の落下傘を写真入りで紹介し、石油やゴムが取れるスマトラを抑えたことの意義を教える。

天皇陛下が授けてくださる「軍旗」が軍のほまれであることを学んだ二課あとに出てくる「雪合戦」では、雪の塊で築城し、その上に立てた旗の取り合いをする。こうして学んだ子供たちは、身近な遊びの中にも武勲を立てることを心におくであろう。

中でも印象的なのは、上海事変で中国軍が築いた陣の鉄条網を破壊するため、工兵三名が破壊筒をかかえて突っ込んだ実話を元にした「三勇士」だ。現実が美化され、新聞やラジオ、映画など様々な形で国威高揚に使われたという見方もあるが、何が美しく尊いか、日本人にとっての美学をまざまざと見せつける。これは、ＧＨＱにとってはまさに脅威であったろう。このような日本精神こそが、大東亜戦争の各地で米軍をして震え上がらせた根源であった。だからこそ、こうした教材は、戦後真っ先に墨塗りされ、このような死を「無駄死」とする洗脳工作へと駆り立てられたに違いない。

「千早城」「錦の御旗」では、少ない味方でも知恵と勇気で何倍もの敵に勝つことを、「とびこみ台」では、勇気をもって一歩踏み出すことの大切さを教える。

御朱印船のひとつである末次船の船長が台湾で不法な仕打ちをするオランダの長官に立ち向かう「浜田弥兵衛《はまだやひょうえ》」も強い印象を残す。船具や武器を不当に没収したばかりか、水さえも与えず、出航も許可しない長官に、当初は穏やかに対応していた弥兵衛も、ついに覚悟を決めて短刀を抜く。銃を撃ち込んできたオランダ兵たちにも怯《ひる》まず、「撃つなら撃て。その代り、長官の命はないぞ」と迫り、すべてのものを返却させた上に、堂々と出航する様には、これぞ武威だ、尊厳ある生き様だと、深く感じ入る。外圧に弱く、なにかにつけて事なかれ対応で済ませようとする、どこかの国の政府に読み聞かせたいものだ。

源平合戦を題材にした「くりから谷」「ひよどり越」「扇の的」「弓流し」では、源氏が知恵を使って戦に勝利した史実を知らしめるとともに、武人の心構えや美学を教える。

八つ目に、親孝行。

年老いた父親への親孝行の気持ちが神様に届き、山で酒の流れる川を見つけた子どもの話を聞いて、天皇が年号を改めたという「養老」。日本一の舞を見せた姫に源頼朝が望みの褒美を聞いたら、頼朝の命を狙っていた母親を牢から出してほしいという。頼朝はその願いを聞き入れた上にたくさんの褒美を与えたという「万寿姫」。興味深いことに、同じ四年生の「母の日」の中に、お祝いとして「私は国語の『万寿姫』を読んだ」という一文が登場する。

九つ目に、自然。

「おたまじゃくしは、手も足もなくて泳げるのですから、自分たちの親が、あの四本足の蛙だろうとは、思っていませんでした」と自分がおたまじゃくしの気持ちになって話が進む「おたまじゃくし」は、思わず頬が緩む。「おさかな」では、皿のおさかなが、こんぶの林やわかめの野がある海から来たことに思いを馳せる。

その海が待っていることへ期待に胸膨らませる「夏やすみ」、ちんちろ松虫の鳴く「秋」、こぬか雨が糸のように降る「春の雨」、銀色の地平線に空と海とがとけあう「朝の海べ」、たたけば、かんかん音のする「秋の空」、一足ごとに、かさこそ落ち葉が鳴る「林の中」、四季折々に表情を変える「川土手」と、季節感あふれる詩がつづく。

蝉が、油を煮るように鳴きたてる「夏」の二課あとには、「油蝉の一生」が詳細なイラストつきで丁寧に描かれる。「前足が丈夫ですから、けらや、もぐらのように、土の中を上手にもぐって行きます。たいていは、木の細い根をじくにして、まるい穴をほり、その中に入っています。油蝉の子の口には、針のような管がありますから、その管を木の根にさしこんで、汁を吸って生きています。（中略）油蝉は、それから二三週生きています。満六年という長い地下生活にくらべて、なんという短い地上の命でしょう」。まるで理科の教科書のような内容に、国語的情緒が添えられている。

柳のかげで母が番をして子馬が水を飲む「母馬子馬」では、母親に見守られて育つ子どもたちの姿をそれとなく教え、「くものす」では、目の前にぶら下がってきた大きなくもが糸を引いて巣を作る様が生き生きと描かれる。

「南洋」「船は帆船よ」と、目は海外にも注がれる。「早春の満州」で吹く蒙古風。「一度蒙古風が吹き通ると、すっかりよごれが払われてしまって、きれいな青空が、光るように、地のはてまでひろがります」。なんとも壮大で爽快な描写だ。

十番目に、生き物との関わり。これが、また実に優しい。

「かいこ」では、こんな具合だ。「『ぬれた葉を、かいこにやってはいけませんよ』と、ねえさんにいわれたので、私は、桑の葉を一枚一枚ていねいにふいて、かわかしてから、かいこにやりました」「かいこは、頭をちゃんとあげて眠ります。（中略）首がつかれないのだろうかと思いました」「かとり線香をつけました。（中略）みんな弱っているではありませんか。（中略）『どうぞ、元気になりますようにに』といのりました」。

軍隊にいる兄から弟への手紙「にいさんの愛馬」では、「もう馬ではなくなって、まったくの友達になってしまう」とまで愛馬への思い入れを綴り、「夏の午後」では、「なすも、きゅうりも、みんな暑そうにぐったりしている」と野菜を労《いた》わる。

文子さんのうちで育てられて成長し、戦地で敵の居場所を探したり、見張りやお使いをしたりと、銃弾が飛び交う中でも大活躍する「軍犬利根」では犬が、通信紙をつめたアルミニュームの信書管を足にとりつけて飛ぶ「小さな伝令使」では鳩が、それぞれ大切な戦友として描かれる。

「稲刈」では、稲の葉にとまるいなごをつかまえる様子が詳細に描写され、「みかん」では、「寒い冬の風が吹くころは、みかんの木という木に、むしろやこもの着物を着せて、暖かくしてやります。それでみかんの木は、しもや雪をじっとこらえて、静かに眠っています」と、自分たちが口にしているみかんが、心をこめて育てられていたことを知る。

網船でいわしを獲る「大りょう」、先生に連れられ四年生の仲間たちと行う「潮干狩」では、自らの手で食料を獲る醍醐味を味わうとともに、見つけた海藻を「ほんだわらというものです。こんぶといっしょに、お正月のおかざりにするでしょう」と習うなど、日本文化についても学習している。これなども、「失われた日本」のひとつだろう。

「燕はどこへ行く」では、よく目にしている燕が、実は「遠いオーストラリアまで行くのがある」と壮大な旅をしていることを学び、時には旅の途中でトラブルに見舞われることもあり、あるとき「その国の人々は、このつかれはてた鳥を拾い集めて、暖い家に入れてやり、食物を与えてやりました。そうして、つかれのなおるのを待って、南の暖い国へ送ってやりました」とエピソードを紹介する。「バナナ」では、ふだんおいしく頂いているバナナが台湾の畠でだいじに育てられたものだと学ぶ。燕もバナナも、学習した後では見え方が変わるであろう。

「水族館」では、いそぎんちゃくやくらげ、さまざまな魚などについて興味津々で見つめ、「『たこ』というものは妙なもので、あの頭といっている部分が実は胴で、頭は足のつけ根のところにあるのだそうです」などと、生物の意外な一面を知る。

十一番目に、相互扶助。

「電車」で席の譲り合いを、「子ども八百屋」で家族の助け合いを、「火事」で親戚や町の人々との協力を学ぶとともに、子どもの火遊びが大火《たいか》のもとになることの恐ろしさをも肝に銘じさせる。


十二番目に、科学的思考。

「月と雲」は、月夜の影踏みで困った子どもたちが「月が走っているのか」「雲が走っているのか」と素朴な疑問を抱き、その答えを自分たちで発見する。

ふだん使っている消しゴムやゴムまりが、木の幹につけたすじから出る汁をかためて作られていると知る「南洋」、ふとした発見から、めがねの玉と虫めがねで、望遠鏡を自作する「ぼくの望遠鏡」、工場で生き物のように動く機械をリズミカルな詩で表現する「機械」、子どもたちが思いがけない題材で、その高さを正確に計測する「国旗掲揚台」、十八歳のガリレオがランプの揺れる様子から時計のもととなる原理を発見した「振子時計」、……どれも好奇心を刺激してやまない内容だ。

「大砲のできるまで」では、鉄を丈夫にするために熱したり冷ましたりするのを、「ちょうどみなさんが、暑さや寒さにうち勝って、からだや心をきたえて行くのと、同じこと」と人間に重ねる。

最後に、これまでの要素が複合的に含まれる総合。「日記」、「南洋」、「東京」、「大阪」などがこれに該当する。

その他、「映画」、「出航」「大連から」「グライダー『日本号』」など、どのテーマにも直接は当てはまらないものもいくつかある。

●表現、感性の豊かさ

次に、表現上の特徴を挙げたい。全編を通じて、表現や感性の豊かさが光る。

第一に、擬音の瑞々《みずみず》しさ。

「ふなつり」では、「ぽんと音をたてて、うきが水の上へ落ちる」「ぴく、ぴく、ぴく――にいさんのうきが動きました」「ぐぐ、ぐぐっと、今度は私のうきが、水の中へ引きこまれました」「大きなふなが、水際でぴちぴちはねて、うろこがきらきらと光りました」と、擬音の効果が、目の前にその光景が繰り広げられているかのような臨場感をもたらしている。

第二に、擬人化の妙。

「川をくだる」では、こうだ。

川は、初め走って流れていました。
白い波をたてて、走っていました。

つかれると、ときどき木かげに休んだり、そうかと思うと、急に高いところからとびおりたりします。

小さな川と、仲よく手をつないで、川は、いつのまにか大きくなります。

きらきらと光って笑ったり、青くすんで、じっと考えこんだりします。

川にも、いろいろな心持があるように思いました。


根底に、一木一草《いちぼくいっそう》にも神が宿るという日本的な自然観がある。それは、他者への思いやりに繋がり、その他者は自然ばかりか無機物にも及ぶ。

「夏の太陽がやけつくようなまひる時、冬の風が骨をさしとおす朝――いつでも、ここにこうして立っているのです。（中略）この大空の　はてのはてまで、私たちは、からだ中を目にし、からだ中を耳にして、じっと、にらみ渡しているのです」と、「防空監視哨」まで擬人化したのには、舌を巻く人も多いのではないだろうか。


第三に、大切なことが心に浸透する、詩のリズム。

天孫降臨の際に、ににぎのみことが天照大神から授かり、日本人の主食となった米。泥の中で腰をかがめて稲を植えるのは重労働だが、田植え歌に合わせて皆で心をひとつにして植えていく様子が、「田植」でリズミカルに描かれる。

植えよう、植えましょ、
み国のために。
米はたからだ、たからの草を、
植えりゃ、こがねの花が咲く。

天皇陛下のお誕生日である天長節を寿《ことほ》ぐ「光は空から」も同様だ。

光は空から　若葉から、
明かるい、明かるい　若葉から。
天長節は　うれしいな。

第四に、目の覚めるような美しくも鮮烈な表現。
「南洋の海は、明かるくてまっさおですから、着物でもひたしてそめたいと思うほどの美しさです」（「南洋」）
「梅は、花よりもにおいがさくのです」（「梅」）
チューリップの花について、「下の方は白で、花の口もとのところに、こい紅をさしています」（「小さな温床」）

「蝉が、油を煮るように鳴きたてる」（「夏」）

「さし出たいく百筋のこまかい金の矢が、夕空を染めて、空は赤から金に、金からうす青に、ぼかしあげたようです」（「夕日」）

「どこまでもさえた空だ。たたけば、かんかん音のする空だ」（「秋の空」）

いずれも、鮮やかな印象を残し、子どもたちの表現力の芽を育《はぐく》むことに寄与するであろう。


第五に、前記特徴の総合的な発揮による相乗効果。

「苗代のころ」では、「『くく、くく』と蛙の鳴く声がします。（中略）『ころころ、ころころ』と、にぎやかに聞え始めます。（中略）昼間は、働く人や、牛にえんりょするように、声をひそめていますが、夕方から夜になると、さも自分たちの世界だというように、さわぎたてます。家の前も、後も、横も、まるで夕立の降るように、蛙の声でいっぱいです」。

「山のスキー場」では、「すばらしい早さに、からだもスキーも一つになって、びゅうとうなる。まるで空中滑走をしているようだ。（中略）思い思いに、スキーのあとを雪の上にえがきながら、小鳥のようにおりて来る。（中略）はげしい制動を掛けられると、もうもうと雪煙が立つ。（中略）四十メートルも空中をとんで、先生は、地上の人となられた」。


概観して思うのは、このような教科書で学んだからこそ、戦中の日本人に日本精神が培われたのだということだ。

内容も表現も美しい日本語、中でも「ブレーキ」を「制動」と表現しているのに触れ、現代の私たちが、いかに安易なカタカナ語に流されているかを実感する。折しも、新型コロナウィルス対応で「クラスター」「パンデミック」「ステイホーム」「ソーシャル・ディスタンス」「アラート」と耳慣れないカタカナ言葉が次々に飛び交うようになった。「集団感染」「世界的大流行」「家にいよう」「社会的距離」「警報」では、なぜいけなかったのか。日本語の美しい響きと力強さを今一度、見つめ直したいと強く思う。

●結論

本書を通読すれば、現代日本人が失ったものの大きさを痛感せざるを得ないであろう。優しさ、尚武の精神、美学。優しいからこそ、強くなければならなかったし、強いからこそ優しくなれた。平和を守るためには、それが脅《おびや》かされそうになったときには、最終的には戦う覚悟が必要だ。その覚悟を持った人間を美しいと感じるのが、日本の美学であった。「平和」を「文化」に置き換えても、また同じことが言える。

そうした心を育む教科書だったからこそ、GHQは危険視し、墨塗りしたのであろう。日本を本来の姿に戻すためにも、塗られた墨は落とさねばならない。ご存じのように、墨を落とすのは容易ではないが、幸いにも、今日このような形で復刻した。旧字は新字に、旧仮名づかいも新仮名づかいに改められ、かつての姿そのままではない。既に、そのままでは読むことが困難なほど日本語が変化してしまったことに忸怩《じくじ》たる思いはあるが、本書に込められた先人たちの思いを、しかと受け止め、美しい日本と日本語を受け継いでいくことのお役に立てば、幸甚である。

昭和十七年二月十四日印刷
昭和十七年二月十六日發行
昭和十七年二月十六日翻刻印刷
昭和十七年三月廿七日翻刻發行

初等科國語　一

(新) 定價金貳拾壹錢 を

著作權所有

著作兼發行者　文部省

翻刻發行兼印刷者　東京市王子區堀船町一丁目八百五十七番地
東京書籍株式會社
代表者　井上源之丞

印刷所　東京市王子區堀船町一丁目八百五十七番地
東京書籍株式會社工場

昭和十七年二月十七日
文部省檢查濟

發行所　東京書籍株式會社

『初等科国語』について

『初等科国語』は、昭和十六年に小学校令を改正して施行された「国民学校令」に基づき、第五期の国定教科書として刊行された。『初等科国語』は一～八の通巻で、それぞれ国民学校三年生から六年生までを対象とした。本書はその『初等科国語一～四』を底本としている。

なお、国民学校一年生は『ヨミカター、二』『コトバノオケイコー、二』、二年生は『よみかた一、二』『ことばのおけいこ一、二』をそれぞれ用いた。

しかし終戦後、昭和二十年九月二十日付文部次官通牒「終戦ニ伴フ教科用図書取扱方ニ関スル件」で教科書の墨塗りが行われ、「修身」「国史」「地理」のように授業そのものがなくなることはなかったものの、昭和二十一年度からは、戦争や神話に関する章を削除し、新たな章を追加した暫定国語教科書が使われることになった。

編集協力：和中光次

[復刻版] 初等科国語 [中学年版]

令和2年8月7日　第1刷発行
令和6年11月26日　第3刷発行

著　者　文部省
発行者　日高 裕明
発　行　株式会社ハート出版

〒171-0014 東京都豊島区池袋 3-9-23
TEL03-3590-6077 FAX03-3590-6078
ハート出版ホームページ https://www.810.co.jp

Printed in Japan ISBN978-4-8024-0103-6
印刷・製本 中央精版印刷株式会社